你怎樣過一天，就怎樣過一生

梁爽 著

前　言

　　二〇一八年，我出版了人生中第一本新書《你來人間一趟，你要發光發亮》。那段時間，我最喜歡聽到編輯跟我分享加印的悅耳喜訊。直到現在，我仍喜歡看到讀者在微博上告訴我，這本書是他們難受時常放枕邊的讀物和速效救心丸，讓我覺得自己何德何能又何其有幸。

　　這本書集結了我過去四、五年的文章，集結了我的青春和年少時光，給我第一次出書的夢幻心情，我至今想起來仍然雀躍不已。

　　三年後，當悅讀紀編輯找到我商量打算再版這本書的時候，希望我再補充幾篇新文章。

　　我先放下手機，一本正經地走向家裡洗手間的鏡子，關起門來充分釋放自我：「謝謝 CCTV，謝謝 MTV，謝謝 Channel V，謝謝我的爸爸媽媽，謝謝我的老公、孩子，沒有你們，就沒有這本書的出版和再版……」

　　戲精表演完畢，我再次一本正經地拿起手機，俐落地回答：「好的，那我準備幾篇新文章。」

　　我仔細重讀第一本書，回憶和感受著很多有意思的過往，

比起我此後心態更穩重、內容更具乾貨的書，這一本觀點更強，文筆更爽朗。

我試著帶入過去的心境，寫了幾篇文章，比如〈逼自己一把，也放自己一馬〉、〈我無法再年輕，所以要主動地活〉、〈「十五分鐘行動派」品嘗到的人生果實好甜〉和〈我平衡工作和生活的「機器人」策略〉。

這本書裡的文章，大多完成於我三十歲前，如果要讓現在的我帶給過去的自己什麼經驗教訓的話，我拿起紙筆開始列。

我可能會希望過去的自己早點買房，不要買公寓，因為升值空間基本忽略不計；過戶之前查清楚戶口情況，不然此後幾年不得安寧；要把珍貴的首房首貸資格留給值得的房子，甚至想建議還在讀大學的自己，假期就去房地產仲介公司實習。

我可能會希望過去的自己更加開心，那些當時讓我掉頭髮、睡不著的事，到現在我一件都記不住了，想報仇都找不到目標。那些當時讓我很生氣、很憤怒的人，確實不值得大動肝火，畢竟自己的肝很寶貴。

我可能會希望過去的自己早點行動，早點開公眾號，早點嘗試做影片，不要畏首畏尾、患得患失。過去十年，時代發展劇變，造成現在種種差距的原因未必在於能力，更在於對時機的把握，那些熱衷於「試試看」、「改改看」的人，更可能刮中時代的刮刮樂。

我可能會希望過去的自己更有遠見，不要把自己侷限在小

範圍裡，不要只接觸三觀相似的人和事，不要打著「我不合群我真酷」的旗號獨來獨往，應該開放心態，腦子活絡，多交些朋友，多出去見世面，多探尋現實遊戲的玩法。

我可能會希望過去的自己注重身體，早點養成健康的飲食、健身、作息習慣，多提高審美能力和「美商」，好好修練皮囊，為悅己而容。

話雖如此，我也沒有真正後悔，上面的那些事情我都做了，其實我很喜歡現在的自己，以現在的自己為豪。

我和老公生活在喜歡的城市裡，從無到有地擁有了自己的家。去年有了我們可愛的女兒，我在工作中找到了自己的位置和價值，也在工作之外把寫作這個愛好發揚光大。我這個草根寫作者，憑著熱忱和自律，後續出版了《當你又忙又美，何懼患得患失》和《當你自律自控，才能又美又爽》兩本暢銷書。

我最該感謝的，是過去那個會逼自己一把，也會放自己一馬的自己，因為這樣的自己，既讓我感受到內心的安穩有力，也感受到世界的燦爛盛大。

謝謝你們一路的見證和支持，我會再接再厲，祝閱讀愉快，人生暢快。

目 次

contents

第二章　你怎樣過一天，就怎樣過一生

第三章　你必須精力飽滿，才禁得住世事刁難

第一章

你來人間一趟，你要發光發亮

致我們總在複製貼上的生活

如果回憶不起來昨天吃了什麼、前天做了什麼、週末玩了什麼，我體內的預警系統就會亮起紅燈 —— 最近狀態太差勁了。

我曾經有過那樣的體驗，把每天過出雷同感：渾渾噩噩地醒來，匆匆忙忙地出門，左手摸右手的工作閉著眼睛也能完成，公司附近的餐館的商務套餐已經吃到膩煩，每天乘坐同一輛公車聽著爛熟於心的報站聲，每天接觸同一批熟人聊著老生常談的舊話題。

這就好像是把昨天的日子 Ctrl+C 過來，保留原格式地直接 Ctrl+V 在今天的空白文檔上。

日子過得沒有地標建築，沒有回憶索引，沒有參差不齊，看似風平浪靜，歲月很靜好，其實慢性消耗，沒有記憶點。如果這是個《天天愛消除》的遊戲，我壓根不用手指操作，相同的日子就自動一連串被消除了。

在我看來，總是自我重複運作的工作很無趣，總在自我複製貼上的生活真無聊。

每天重複性的工作如有雷同，純屬正常。我以前做過行政人員，接手之初，覺得操作繁複，熟練之後發現這只是份體力活。單調、乏味、機械的工作讓我意識到：產業升級和業務分工，使人只能從事漫長產業鏈中一小個環節的工作，囫圇吞棗、墨守成規的白領，和生產線上那個自帶固定程序的工序沒有區別。

其實得過且過也能過，但我不想將就著過。我拒絕停留在昨天的延長線上，立志要把每個工作日都過得宛若新生。

嘗試著對業務合併同類項歸納經驗時，我腦子裡問號的吞吐量大得驚人，從不同角度問答更讓視野像是開了廣角鏡；當負責接聽部門的客服總機電話時，我接觸到更多行業社群的成員，反思自己的操作對上下游的作用力與反作用力；當培訓部門的新同事時，我用新穎的方式分享案例，只有新人迅速上手，我才有精力去辭舊迎新。

能中和職場上類似疲憊和損耗這種「酸」的，唯有諸如好奇心、探索力、創新感那些「鹹」。

工作之外的生活，我當然更不能過成一個像連指紋都找不到的犯罪現場。

自我重複算不算抄襲？當然算，今天抄襲昨天是種劣質抄襲。於是，我很早就開始實踐「讓每天生活都不一樣」的生活

專題，美好生活，有「技」可循：

1 · 生活中多安插一些穩中求變的伏兵

消滅一部分身體和意識裡的維穩部隊，對一成不變的生活揭竿而起吧。

吃喝方面，經常更換蔬果葷菜，連主食都爭取成為百變星君[1]；外出方面，每次都走尋常路真沒勁，變換路徑等於改造心情；穿搭方面，戴上個性的胸花或圍上別致的腰帶，大同小異的職場穿搭也能貼上「我」的 Logo（標誌）。

從小細節切入也有大景觀，生活中不缺少樂趣和新鮮事物，別讓我們的思維和習慣把身邊許多美好事物都雪藏起來。日常的種種小巧思、小儀式、小慧心占據不了你的精力記憶體的多大空間，卻能大幅度地稀釋生活中的同質感。

2，把生活的步調設置成慢鏡頭模式

米蘭·昆德拉在《慢》中講述了一個人們熟視無睹的場景：當一個人在路上走的時候，如果他此時突然要回想什麼事情，就會機械地放慢腳步；反之，如果他想要忘記剛剛遇到的糟糕事，就會不知不覺地加快步伐，彷彿要快快躲開在時間上還離他很近的東西。

他得出的結論是：慢的程度與記憶的強度直接成正比，快的程度與遺忘的強度直接成正比。

　　我的經歷多次驗證了昆德拉的結論。我清晰地記得自己在舒緩的音樂下練瑜伽時呼吸吐納感覺到的海闊天空，記得自己零基礎地學花藝時調整花葉的屏氣凝神，記得自己親手做蜂蜜、醃檸檬時打磨美食的氣定神閒。

　　慢，是對生活的真誠，放慢的姿態讓人更加記憶猶新。

3‧自己的每一天都要拿出誠意和用心

　　婆婆是那種歲月禁不住她折騰的女人，我最愛聽她講過去的故事。她有一個絕技——幾十年前的往事，她也能追溯具體的年月、當天的天氣、門票的價格、在場的人物，甚至說過什麼令人印象深刻的話。

　　都說人老記性差，但她居然可以還原現場。經過一番觀察，我發現她總在循環的大重複生活中注入小變化，重複的是一日三餐，變革的是菜式擺盤、音樂香氛的運用；重複的是日常聊天，變化的是將心比心、全心投入。

　　所謂的記性好，是因為她對過去的尋常日子誠懇和用心，當時盡量埋下的驚喜，讓日後回憶起來能精準定位到座標。

　　總在複製貼上的生活真沒意思，而另起一個新文檔，擺脫精神上的閉關自守，樂於嘗試新鮮事物，不斷探索未知的邊界，每天都刷新記憶，這樣的日子才值得過。

　　我覺得「歲月」這個詞太過大刀闊斧，「日子」才是時

間的基本度量單位，「歲月日」這種表述才夠細緻貼切。畢
竟我們怎麼過完這一天，就怎麼度過這一生。

1　1995 年推出的香港電影，由周星馳主演。

畢業後，
我不忍心自己有股毛胚感

在我心裡，有一種五星級殺傷力的儀式感，那就是畢業典禮結束之後，忘記了應該繼續學習。

我見過同事離開學校後，把所有教材論斤賣掉，從此再沒翻過一本書；我遇過同學考完英檢六級後，把所有單字本束之高閣，讓腦中的英文自行揮發；我聽過網友步入社會後，把自己精神貨架上的夢想撤掉，只用愛情對人生逃漏稅。

日常生活低水準重複，思想上缺乏進步，長此以往，我們會親手把靈氣和神采從自己的體內抽空，使自己變成一個得過且過、無精打采的人，軀殼彷彿變成一間牆體斑駁粗糙、管線肆意暴露、散發泥土味道的毛胚房。

「家裡充斥著平凡的回音，生命被憂愁侵蝕著，因為我們反覆呼吸著自己呼出的呼吸，每一天我們的影子比腳步去了更遠的地方」，我生怕梭羅書裡這種憋屈無聊的狀態在自己身上

演繹出來。

　　而我認為唯一能抵禦這種侵蝕的武器，是透過學習、充電、閱讀等自我提升的方式，持續讓自己的大腦和內心發揚光大。

1・永保學生感，讓人歷久彌新

　　我大學時把重心放在實踐和旅行上，常和校友異想天開地想些小發明（光說不練），熱情高漲地參加社會實踐，做各種兼職鍛鍊能力，買張火車票就去丈量中國，以別致的途徑在成長。

　　工作後，跨專業就業的我，與職場資深人士或專業院校畢業生相比，觸目驚心地意識到自己在知識上有多少短板，技能上有多少欠缺，思想上有多少漏洞。我對不少貿易術語分辨不清，一知半解，開會時聽前輩們半中半英的培訓聽得很吃力，拿到 BEC（商務英語證書）卻仍然不太聽得懂電話那頭的印度英語，這讓我太焦灼了。

　　那段時間的刻苦程度全方位碾壓高考歲月，中午我放棄午休泡在行業論壇裡學案例、抄筆記，加完班之後直奔書城直至肯尼吉的薩克斯音樂響起，帶著問題見縫插針地去請教前輩並記下答案反覆琢磨；週末常常坐在圖書館裡研習業務以及相關書籍，看印度電影三番五次地按下暫停鍵，摸索他們的發音規律。我彷彿聽到自己骨節生長的聲音，悅耳極了。

　　後來我成為轉正最快、業績最好的新員工之一，那個階段的努力讓我深信，其實畢業了才更需要進步，只要專注學習，還是有可能在一個新領域裡迅速偽裝成一個高手的。

2‧沒錢不是自我荒廢的理由

　　之前有位朋友向我抱怨畢業後學習是個燒錢的項目：讀個在職研究所，學費太貴；參加外語培訓班，也不便宜。

　　如果你更注重知識而不是文憑，更在意內容而非形式，其實是有很多可行性學習方案的，其中還有不少免費方法。

　　各種學習型 App（應用程式）輕鬆破解各種藉口，輕鬆獲得的名校課程、創意演講、專題紀錄片，種類繁多，任君挑選，你可以一週給自己安排三、四堂課，上下課鈴聲自己掌控，十分便捷。

　　想練英語口說也不是非得去專業的英語培訓機構，你覺得幾萬元的學費有點貴，我的親身經驗：一是尋覓英語角，朋友領我去的某大學留學生宿舍樓下的英語角，外教雲集，氛圍上佳；二是與外國人合租房，我曾有一任英語流利的室友，有時我教她中文，平時用英文和她交流，那段時間進步驚人。

　　個人可持續發展終究還得靠興趣驅動，我在日語培訓班學習時，遇到深愛日本動漫的高中生第一堂課上就能和老師對話超過八個回合；見過痴迷美國偶像的同事加入字幕組翻譯明星訪談，在 KTV 一首英文饒舌說唱，讓我誤以為沒消原音。

　　不是只有花大錢才能增加藝術細胞，我認識的一位美女，和她逛街不知不覺就被她領進街邊的文房四寶、琴棋書畫商店品評一番。週末我們的碰面地點常是美術館或攝影展場所，有時她帶我去參加圖書館或博物館組織的講座、展覽，和她在一起，我常常不小心被藝術撞一下腰。

3・不讀書會讓自己有折舊感

　　我接觸過很多上進青年，憑他們的夜以繼日和愛書如命，居然才把中國成年人年均讀書量拉到不足五本，從反面證明了很多人畢業後就變成閱讀絕緣體。

　　我常常覺得人的生理進化還沒跟上科技進步。長期以來證實鉛字和紙張的組合，對人類的眼睛與大腦的刺激機制是適合從容思考的，所以我是紙質書的忠實擁護者。

　　我會定期去書店掃貨，翻開書用鼻子嗅油墨味的那一刻心情愉悅、經脈通暢！我家樓下有家出租書刊的小店，我和店主混成好友後，自己想看的書目不時會混進採購清單；每週不去圖書館就覺得電力不足，一次借六本書，用自助紫外線殺菌機消毒後背回來，當然有看到一半喪失興趣的，也有看幾遍還不夠的。

　　對閱讀不感興趣的你，我可以分享一個「曲線救國[2]」的案例：我有個朋友之所以變成無書不歡的書霸，轉折點就是參加同城讀書會，把故事脈絡和觀後感想做成 PPT 上臺演講，

臺下書友的掌聲極大地激發了她對閱讀的熱情。

生活習慣日益粗放化時，我們不妨看些保養書以自我警醒；覺得陷進負能量壓縮包裡爬不出時，我們不妨看些心理書以自我療癒；深感人生困頓茫然無措時，我們不妨看些哲學書以自我明朗。

我很贊同「為你喜歡的事物早起兩小時」這個說法。早上五點起床看書是我保持近十年的習慣了。早期或許為了減緩學習焦慮感或者輔助做好工作，我需要涉獵一些有用的書，但隨著年月的遞增和興趣的聚焦，落腳點回歸到了自己真正享受的內容上。

當我看了一本意境被營造得奇特迷人的小說後，會角色附體地感知別樣人生；當我看完一本深得我心的哲學書後，經歷三觀震蕩，想法更加豁達通透，幸福地進入一種歌德所說的「靜謐的激情」中。

我嚮往枝繁葉茂、新鮮繽紛的生活，總想爆破一些平庸、無聊的生活因子，總想掙脫家長裡短、瑣碎不堪的一地雞毛，時刻擰緊學習那根發條，通往自我修繕之路。

精神上的添磚加瓦與裝修打磨，能最大化地減少自身的毛胚感。

---

2 用不直接的方式達到救國目的。

職場上，
你不必成為「不可替代」的人

　　初入職場時，我把「要成為公司不可替代的員工」奉為圭臬，現在誠懇地向「圭臬」致歉。

　　首先，職場上沒有什麼人是不可替代的。白宮一把手說被彈劾就被彈劾，也沒見貽誤國事；公司中高層說空降就空降，也沒見公司運轉不暢。少了誰地球就賭氣不轉了？

　　其次，在初、中級職位上不被替代多令人糟心？勞動密集型的資深打字員也許很想輪調，常年在基層工作的人員可能盼著被升為管理階層人員。他們內心好想被替代，你知道嗎？

　　再次，這年頭連公司本尊都常被替代。皮之不存，毛將焉附？最後，如果自我的進步值遠超公司的發展速度時，公司前景與自我目標南轅北轍時，抑或公司已經忘掉初心，而你還牢記初心時，你有沒有遲疑過，你成了公司不可替代的人，但公司是不是你不可替代的公司？

所以，「成為公司不可替代的員工」的寶貴信條還是趕緊下架吧。

說得極端些，職場機器的殘酷性在於，它就是要消滅「不可替代」的員工啊。

進入大企業，從著裝規範到業務流程再到考核標準，一應俱全，刀槍不入。在層層制度下，你只是完成某個工作節點的螺絲釘，別說置換你一個人，就算整個部門的人被替掉的情況都屢見不鮮。啟動公司機器「招聘—培訓—上班」的一鍵式按鈕，培養皿中活好廉價的人才立等可取。

你若身在小公司，初始狀態下一片混沌，看似天地廣闊、大有作為。公司尚小時，主管或許給你灌情懷、打雞血、畫大餅，讓你心甘情願地一人分飾幾角；公司成長後，主管陸續開始加人手、頒新規定和績效考核時，很可能就會對你招之即來，揮之即去。小公司的機器也就逐步建成。

職場代有才人出，一代新人換舊人。你若把太多私人感情寄託在職場上，這不是職業化的行為。老闆在困頓時給你的承諾：「好好幹，將來虧待不了你」，你不必執著；主管的年終大會致詞：「沒有各位的努力，就沒有公司的發展」，你聽聽就好。

在夢醒時分，有時傷心是難免的。連原本是同林鳥的夫妻，大難臨頭都能各自飛，更何況是面對一堆營運成本帳單以及資產負債表的公司。企業本質上就是要以盈利為目的，你若

不能為其創造利潤，留你何用？

別躺在過去的功勞簿上，你要持續提高工作能力，避免成為闌尾型員工，職場機器才可能放你一馬。

在我的職場生涯裡，我很感激有位帶過我的前輩。能被他帶領入行是我的榮幸，他業務精湛，知無不言，每次像備過課一樣，耐心地把工作環節的來龍去脈、私家案例、操作死角大方告知。我得知他常被調換部門，有時快當上主管了又被換到另外的部門從頭做起，一直為他抱不平。

我轉正前請他吃飯以表謝意，席間我們談到「不可替代性」的話題，便對他提出了兩點疑問：「一、每次教人都不藏私，不怕教會徒弟餓死師父嗎？二、一次次地重新開始，不會覺得灰心喪氣嗎？」

他大方地解惑：一、只有新人迅速上手，他的工作被人接替後，他才能騰出手去學別的新知識；二、他不是為別人打工，而是為自己工作，主動申請調到其他部門學習鍛鍊，是想滿足對其他環節的運轉流程的好奇心。

我感嘆：「前輩表面上的『可替代』，原來是在醞釀競爭力上的『不可替代』。」

前輩搖頭否認：「亂世才出英雄，社會有序後很少有人不可替代。技術不斷更迭，長期看沒有多少人有我有的能力，保持進步進取、尋找工作樂趣才是王道。職業操守和專業技能在手，被替代與否的問題不用太煩惱。」

我心目中一位德高望重的大主管曾跟我說過：「你為公司付出了多少，上司心知肚明。」但我更想說：「我為工作付出多少，上天心中有數。」

上班多年後我才逐漸釐清，工作這件事說到底是自己對自己的交代，說得唯心點，甚至與他人無關，當然不是指合作層面。

有多少人會有心酸和不甘的追問，像是：「我今年這麼努力，為什麼升遷人選另有他人？」「面對付出和收穫不成正比的工作，是不是還不如省點心呢？」「做多做少都領相同的薪資，做得多錯得也多，我圖個啥？」「上司輕視我，不消極怠工，我是不是傻？」

在我看來，消極怠工就是職場裡最大寫加粗居中的「傻」。你的消極應對，怠的不是「工」，而是你自己。你消耗寶貴的時間、精力去做損人損己的事，而且對個人來說，損己的成本比損人高昂多了。殺敵八百自損一千，你何苦呢？

業務的精進需要持之以恆、聚沙成塔的積累，就算你的小聰明暫時能騙過公司、混過自己，但你始終無法瞞過時間。

工作中那些百口莫辯的委屈、多做多錯的失落、思慮不周的疏漏、付諸東流的挫敗，你說因為這點小坎把自己置於邊緣化境地好呢？還是把這些挫折轉化為經驗存摺更划算？

你不必費盡心思地追求「不可替代」這種虛妄的目標，也不用自導自演地測試公司沒有你能不能活，答案大多令你失

望。

　　自己勻速成長與工作開心更加重要。最慘的莫過於對公司給你的薪水嫌少，你反而搭上自個兒的進步空間和心情指數，真是賠了夫人又折兵，三重折本，虧到人仰馬翻。

　　你工作終究是為了自己！如果你能降低對外界影響的敏感度，以自己的節奏學習成長，當公司欣賞並尊重你的付出時，你能報答公司的培養之情、老闆的提攜之恩。當你和公司不再同心同德時，也給自己一次重擲骰子的機會，萬一被公司掃地出門，還能從容地尋到一條體面的退路。

　　總之，職場上，你沒必要總去想怎樣成為在別人心中那個「不可替代」的人，因為為自己工作的人，壓根沒有「可不可替代」這一說。

二十來歲的浮躁，讓你自亂陣腳

　　前段時間，我網購了一塊小白板放在家裡。我在小白板中間畫了一條直線，分成左右兩邊，左邊羅列出五、六項每日的待辦事項，右邊記錄著兩三篇文章的寫作靈感。剛開始的時候，左邊每被塗掉一項事項，右邊每新增一個素材，我心裡就會生出一股成就感，覺得自己在時間管理和捕捉靈感方面愈做愈好。

　　但後來我漸漸意識到，我的效率不升反降。經盤查後我發現：愈寫愈密的小白板讓我心浮氣躁。

　　左邊的待辦事項，讓我還沒做好一件事情，就想做另一件；右邊的靈感記錄，讓我還沒寫好一篇文章，就想寫另一篇。我開始感覺寫作變得痛苦，腦子裡雜亂地並列著多篇文章的主題和素材，反而更難專注地寫好一篇文章。

　　我回想自己寫作手感最順的時候，是選定一個選題，去深挖、發散、聯想的時候。為了重回自我巔峰狀態，我改變了使

用小白板的方式——把左右結構改成上下結構。我取消了左邊待辦事項的記錄，聚焦某個選定主題的寫作，上面一欄寫出這篇文章的主題，下面是緊扣這一主題的靈感存根，包括觀點、例子、結構等。

一個小小的改變，讓我被稀釋掉的專注力又高度凝聚起來。這塊小白板就像是我的大腦的投射，當我不再三心二意、貪多求快，而是靜下心來好好做事時，就發現內心不會焦灼和糾結，寫文章的速度和品質也有所提升。

上個星期，主管帶我和一個年輕同事去拜訪客戶，對方的幾個總經理級別的主管接待我們。中午一起吃飯，在場的雙方主管，平均年齡大我倆二十多歲，大家邊吃邊聊天，說起當年怎樣耐住性子十年磨一劍地經營企業。

飯後等車時，在我和那位年輕同事單獨相處的時候，他對我說：「時代不一樣了，主管們年輕時貧富差距小，能一門心思地鑽研業務，加上那時市場機遇好，容易做出成績。可是現在，房價日新月異，要堅持做點什麼真的不太實際，看著別人買車買房，誰的心能淡定下來？」

我覺得年輕同事的想法十分耳熟。

在我身邊，未必沒有人想一夜成名、一夜爆紅、一夜發財。但周圍的人，比你優秀還比你努力，比你忙碌，還比你美麗。

修得兩個學位的超級學霸、經營三家公司的創業天才、橫

跨四個領域的跨界牛人，讓多數人處境焦慮、內心浮躁。

年輕人希望自己少年得志，普通人希望自己逆襲成功，創業者希望自己搶占風口。

但其實逆襲成功的，往往是那些能靜下心來，把時間、精力、金錢、資源和毅力形成聚合力，投注到做一件事上，爭取把事做好、做透的人。

我們先別提什麼「不積百步無以至千里」、「天才需要積累一萬小時」之類的老生常談。

就算我們在網路上下載連續劇，如果多個任務同時進行，要等更久才能下載下來，而只有先把第一集下載好，邊看前面的邊依次下載後面的影片，才能高效追劇。

我愈來愈相信，心思分散、淺嘗輒止的人可能一無所獲，專注深耕、持之以恆的人常能笑到最後。

最近我收到一則讀者私訊。

他是今年的應屆畢業生，離校兩個月，跳槽了三次。

他說自己急於做出成績，想盡快買車買房，但是跳槽愈頻繁，心裡愈迷茫。我很想勸他想清楚自己要什麼，然後靜下心來堅持下去，但又怕說服力不足，於是找來《萬達工作法》裡的識人術。

一般人從普通員工到基層管理層，大約需要三年的時間，年齡一般在二十六歲以上；中層管理者一般在三十二歲以上，

需要三至五年的時間；高層管理者一般在四十歲以上，且需要更長的沉澱時間。

萬達在招聘時從這幾個角度來識人：

連續性：如果出現了經歷斷層，不是創業、身體原因，就是找不到工作。

穩定性：如果一年內出現一次以上的跳槽，可視為穩定性差或能力不足。

定位性：如果幾次跨行跳槽，說明規劃和定位模糊，屬於走一步算一步。

萬達的識人術，大概能代表很多公司的用人之道。就算不站在資方，而是站在個人的立場上考慮，我也想勸他沉下心來，不是說跳槽不好，而是精進業務需要時間。

以前我做海外銷售時，有個同期入職的男同事，開局打得漂亮，比很多人積極主動、高效進取，是我們印巴市場界的成單小霸王。後來他覺得公司的抽成不高，跟我們說了自己要在三十歲之前買房之類的話後，就帶著手上的資源跳槽了。

那家公司開出的條件不錯，但印巴市場沒有優勢，他手上合作過幾次的客戶對他也沒有多少忠誠度，他只得重新開拓其他市場，後來陷入愈跳槽愈糟的循環。

當時公司有幾個同事爆發力不強，但耐力十足，愈做愈精通。其中一個女同事，畢業後就沒換過工作，這在流動率很高的公司裡實屬難得。很多離職的同事交出的客戶資源，老闆

都優先分給她。她會過濾一遍，把利潤不高的客戶交給其他同事。

她漸漸掌握公司的核心資源，業務能力十分精湛。老闆和老客戶都很信任她，而她在二十歲前買了兩棟房子。我有個做HR的女性友人跟我說過，跳槽有個三、五、七的年份之約，掌握技能至少需要三年時間。

職場上，三十歲之前的躍升，取決於「靜下心來做好一件事」。之前看《人民的名義》時，有句網友評論我截圖下來了，給浮躁時的自己當「藥」吃：「《人民的名義》都是些什麼演員？飆戲飆得上天了。那個誰誰誰，你演個腐敗分子瞧你得意的。導演給你多少錢，你這麼賣力？我平時看『小鮮肉』的戲，效率老高了，一心多用，又是快進又是吃零食又是刷朋友圈的，還經常中途棄劇……這下可好，全看戲了，我啥也沒幹。」

我用這個段子來提醒自己，靜下心來做出的作品，別人會靜下心來欣賞。

就像我看《戰狼二》的時候，手心冒汗，全心投入，後來知道製作團隊不僅是在劇本上進行了精細打磨，力求每個鏡頭盡量真實，而且吳京提前十八個月加入軍營接受訓練，一鏡到底的水下打鬥場面拍了半個月，為了防止投資方塞人拒絕了不少投資，最終才有了這部刷新華語電影票房紀錄的電影。

劉震雲在《一句頂一萬句》裡有句話：「世界上不存在大

智慧，就像世界上不存在才華這個詞，存在的是瑣碎。重複的事情不停地做，你就是專家，做重複的事特別專注，你就是大家，就這麼簡單。」

這句話，還真是一句頂一萬句。

就連像日本這樣職人很多的國家，也有位作者發出感慨：「這個時代時興高速度，不知不覺，一般民眾對時間失去了耐性，不能心平氣和地一直專注於某一事物了。我認為，恢復這種平靜的心情是種修養。」

你若浮躁，自亂陣腳。在自己身上克服浮躁現象，是一種修養，更是一種遠見。

我聽過最自欺欺人的一句話
是「我願意努力」

最近與做人力資源的女性友人小聚，聊天中她分享了一個工作心得。這幾個月是求職旺季，女性友人每天需要檢視很多履歷和求職信。

有一天她統計了一下，在這些履歷和求職信中，有個用「雖然……但是……」關聯起來的句型高頻率出現。

應屆畢業生說：「雖然我所學的專業不對口，但是我願意學習。」

轉行求職者說：「雖然我缺乏相關工作經驗，但是我願意努力。」

女性友人告訴我，她剛入行篩選履歷時，曾收到一個剛剛畢業的女生的求職履歷。女生誠摯且謙虛地說自己以前沒有接觸過這個行業，但對公司業務很感興趣，希望公司給好學又上進的她一個面試機會。

　　女性友人被那位求職女生的誠意深深打動，打電話通知對方過幾天來面試。後來面試時面試官問求職女生對職位職責的理解，她答得支支吾吾；英語面試環節中提問她對公司的認識，「國企」的英文表述她實在想不出，情急之下只好切換成中文。

　　她大概也知道自己面試成績不佳，在結束之前還不忘爭取，說自己雖然還不夠專業成熟，但是進入公司後一定不懂就問，盡快上手。女性友人再次聽到那位求職女生的說詞，已經不會再被感動了，因為她口口聲聲說願意努力，卻連最起碼的面試功課都懶得做。

　　後來女性友人篩選履歷改變了側重點：願意學習的不如已經學習的，願意努力的不如著手努力的。

　　《非你莫屬》有一期的節目，主題是新媒體運營的招聘與求職。其中一位女選手長相特別出眾，做過法務、開過酒吧，還從事過平面模特兒和網路直播。

　　剛開始我覺得這位選手年輕漂亮，經驗豐富，勝算很大。嘉賓請她描述新媒體運營的工作流程，她回答需要維護和推廣企業的公眾號，比如策劃選題、撰寫文案、編輯推送、收集反饋等。

　　但當主持人落實到具體層面，問她幾個運營相關的問題時，她都連連搖頭，沒排版過，沒推送過，沒寫過文案，沒有

經驗，說自己就是很感興趣，很想學習。

聽完她的發言後，有個老闆質疑她的求職動機，看不出她是否喜歡這個工作，畢竟她沒有鑽研，也沒有嘗試；有個評委直說她的薪資要求不合理，既然是學習階段，就只能接受實習薪資，可能也做不久；有個嘉賓更加直接，問她是不是抱持著提高知名度來的，她的表情流露出掩飾不住的無奈。

儘管選手表示願意從最基層的工作學起，願意接受更低的薪水，但現場的老闆和評審認為，她想從事新媒體工作，至少可以先註冊個人公眾號，試著寫點東西推送出去；至少可以先研究一下企業公眾號，試著總結他們的定位、維護和推廣。

很多時候，行為比語言更能表明心意。所謂的「願意學習」，不過是自欺欺人而已，於人於己都很沒有誠意。

前兩年，有個大學男同學打電話給我問正事，順便聊聊畢業後各自的境況。他聽說我在深圳跨專業就業後發出感慨，還是深圳適合畢業生發展，包容性強，機會遍地，不硬性要求專業。他說自己在省會城市求職，海投履歷，專業不對口的工作直接沒下文。

我確實感謝深圳的發展機會，但對自身努力也是要恬不知恥地自我表彰一下的：我本科學的是生物方向專業，喜歡生化奧祕，但不想以此為職業，大二時對國際貿易產生興趣，於是除了所學專業之外，把外貿當作自學專業；外語方面，除了英

檢四、六級之外，我報名了 BEC，主動聯繫到英語專業的一位女生，相約練習口說；證書方面，我慫恿幾個室友一起報考了物流證照，業餘時間學習國際貿易、倉儲物流等理論和實踐課；實習方面，我假期用獎學金做盤纏去義烏實習，實地感受如何接待客戶、下單收貨、報關報檢等流程；操作方面，我去校門口的打字影印店免費打工，替小店設計菜單，幫客人影印資料，熟悉軟、硬體操作。

我盡我所能地做著準備，後來面試通知和結果反饋都不錯，可惜心裡最想去的那家公司叫我回家等消息後一直沒消息。我那時倔強到不承認那是婉轉拒絕，每天打電話詢問有沒有消息。

後來那家公司的老闆給我打來電話，覺得我的機考和翻譯挺好，更欣賞這段時間我的執著，於是提供了一個比我原先申請的更合我心意的海外銷售工作給我。我進入部門才發現，大部分同事是考過專八的英語科系學生，或者系統學過國際貿易的學生，或者是已有工作經驗和客戶資源的跳槽者，像我這樣完全轉換跑道的人確實不多。

回想起來，我那時並沒有表示過任何決心，但事先的每項準備都足以證明我的決心。

最近我在看電視劇《我的前半生》，發現裡面也有不少「願意努力」的人：

剛剛離婚的羅子君去商場找工作，儘管再三表示自己能吃苦，願意學，前期還是被人拒絕；受夠白光的羅子群想與白光離婚，白光下跪求子群再給她最後一次機會，發誓願意改過。

有些人總在說自己願意學習和改正的時候，其實沒有多少切實作為，反而真正從一件一件小事切實改變的時候，不必逢人就說，別人心裡也有數。我發現語言上的高個子，行動上的小侏儒真的很多，他們高喊著「願意努力」的口號，卻沒做「正在努力」的準備。

求職上，我願意學，只要你答應錄用我；減肥上，我要減肥，只要這種辦法有效；情感上，我說想你，卻什麼都沒有做。

其實對這些人來說，沒被人錄用，沒減下肥來，沒感情升溫，自己事先已經埋下伏筆。經常把「願意努力」掛在嘴邊而遲遲不行動的人，說和聽的人都不必信以為真，因為常發「願意努力」的自我聲明，一來讓他們有了已經努力過的錯覺；二來讓他們漸漸耗盡了原本用於努力的能量。

我覺得有種人愈看愈酷：別人說了再做，我是做了再說；別人說了也不一定做，我是做了也不一定說。反正，一切都是對自己的交代。

請欣賞一個
心裡想要就去主動爭取的女孩

　　最近有個關係甚好的讀者向我諮詢業餘寫作的事情。

　　她今年畢業，在四線小城市有份穩定工作，工作上手後，想用業餘時間註冊個人公眾號開始寫作。我倆交流了不少關於時間安排、選題排版、涉獵書籍之類的問題後，她信心滿滿地表示：「我也要像你一樣堅持寫作，只要持之以恆，就會被人看到。」

　　我生怕她誤以為堅持寫就能被發現，速速溫馨提醒她：「如果你希望自己的文章被更多人看到，那麼需要主動投稿。」

　　她果然提問如何投稿，我告訴她在我開號之初，主動給經常關注且風格吻合的大號留言或發私訊，問小編有沒有投稿的聯繫方式。

　　可能我的留言被淹沒在大號海量的留言和私訊裡吧，只有兩家的小編給我回覆，把我拉進他們專門的投稿群裡。隨著寫

作時間的推移，我也加入愈來愈多的投稿群，每次寫了文章就去群裡投一投。她聽完應該覺得挺意外的，說她喜歡我寫的文章，以為是自己推送後，就會有其他號自動來轉載。

一個「自動」暴露了她的不諳世事，正如美國女議員芭芭拉・喬丹說的：「等著被認可的人真的是太天真了。」

這年頭寫作愛好者和營生者已經供不應求，投了未必中，不投真沒戲，不主動投稿等著機會自動降臨的人，看來是想得過於樂觀了。後來我經某個群主允許，把這位讀者拉進了投稿群。

一會兒工夫，各位知名作者就把最新文章發到了群裡毛遂自薦，希望群主翻牌，並配上「這篇閱讀量兩個小時就超過百分之十」、「這篇是針對時下熱點的感想」、「這篇在自己的平臺上效果驚人」這類推薦語。

我猜她那時肯定深刻體會到：哪有什麼自動發生的事？都是大家背後主動爭取的結果。

這年頭，哪有那麼多陪朋友試鏡卻被意外選上的胡歌？哪有那麼多走在街上就能幸運地被星探相中的鹿晗？

你不主動爭取自己想要的東西，不主動展現成果表達訴求，很可能造成一場大型的自我埋沒。

今年春節前後，我迷上一位九〇後的插畫家，她叫倪傳婧。臨近過年的時候，一直走簡約風格的蘋果官網畫風突變地放了倪傳婧的插畫，線條細密流暢，色彩淡雅別緻，在畫面蔓

延形成的渦流裡，年味、趣味、國味都全了。我立馬對她感興趣，去了解她的資訊。她生於廣東，長於香港，在深圳學畫，去美國讀大學。對她的各種訪談，我印象最深的是她最初在美國找工作那段。

這小女生的理想是「成為一名出色的插畫家」。畫插畫容易，可她想找到插畫相關的工作不容易。她搬到紐約後，為了節省開銷，住在偏僻區域，吃打折快餐，每天搜尋編輯們的郵箱地址，硬著頭皮發自薦郵件，有時候還打電話推銷自己，省錢做明信片寄給各位主編。

她回憶說：「我現在覺得那時候的自己很無恥。」不過也是憑著那股韌勁，名不見經傳的她開始在插畫領域嶄露頭角，認識了愈來愈多的媒體，創作出愈來愈棒的插畫。假如沒有她當時的「無恥」，哪有後來《紐約時報》、《紐約客》、《華爾街日報》等平臺的橄欖枝？她後來哪會拿美國插畫界的大獎拿到手軟？哪能成為《富比士》藝術榜單上最年輕得主之一？

如果她當年等著在自己的小圈子裡被認可，沒有主動自薦和展示才華，有可能現在我們還沒看到她的作品。

心懷夢想的人，最忌諱的就是矜持。心裡想要就主動去爭取的女孩，活得真漂亮。

沒有當年拿著自己寫的小說一家家地敲開雜誌社大門的倔強女青年，我們現在讀不到張愛玲淒美動人的愛情小說；沒有當年作品被巴黎美術展覽會拒絕後，聯合朋友籌辦畫展的執著

男青年，我們如今看不到莫內的印象派畫佳作。

對自己想做的事，對內心沸騰的火，你千萬別以為自己有好酒就可以心安理得地待在深巷裡了，主動起來，為好酒打個廣告吧。

我剛畢業工作那陣子，有一次經過茶水間，聽到有三個同期進公司的同事在酸酸地對小丁進行差評，還有拉我加入的架勢。她們看不慣小丁經常主動找主管請教業務、彙報進度，也看不慣小丁會上被表揚、薪資連連漲。

有人猜想她是「邀功精」或告密者，還有人質疑公司的企業文化讓踏實工作的人吃了虧。

當時我心裡就唱起了小反調，作為海外銷售部的職員，進行自我推銷應該是基本功，大家都踏實認真地工作，主管的任務也應接不暇。往往能減少奮鬥年限的人，屬於埋頭工作、抬頭彙報的。而像那三個女生那樣不肯主動展示野心，心裡又希望獲得認可和器重的，活得最擰巴。

我在上一家公司時，有段時間負責培訓我們部門新來的員工。在某批新人裡，有 A 和 B 兩個女生尤其出色。相較之下，我更看好 A，每次她找我問問題時，她平時主動思考、積極復盤、在乎工作的種種行為呼之欲出。

有一次我找經理彙報，其間經理卻突然問起 B 的表現。原來 B 主動向經理申請轉正，表達了想在公司發展的願望，

用數據量化了自己的進步，希望接受經理的考察。

我回答 A 和 B 都表現突出，還特意替 A 美言了幾句，但最後還是 B 提前被轉正。後來 A 悄悄問我：「試用期一般不都是三個月嗎？我們才試用了兩個月，B 怎麼就轉正了？」時，我心裡很想教她做人：有哪個主管會盯著實習生的表現，讓表現最好的人最快被轉正呢？你不主動申請，誰知道你想轉正？

正如美國時尚女魔頭凱特・懷特說的：「你的工作並不能傳達所有訊息，你需要站出來明確地表達自己。」

我的性格從小就不算主動。遠遠見了老師我會暗自繞開，感激別人的話永遠放在心底，想挽回一段友情始終開不了口，被父母比喻為「盤子裡的那條魚，用筷子戳一下才動一下。」

但我的底限是：對我心裡在乎的人和想做的事，就算結果不盡如人意，我也要主動爭取試一試。

不主動爭取的人，怕被人拒絕，怕沒有面子，怕引起非議，索性把自己的努力和才華藏著抑著，結果在靜觀其變中錯失良機。

很多關係，結束於你不明說，對方也等著；很多提拔，無果於你不申請，主管也忙著；很多夢想，未達成是你不主動，機會也繞道。

會不會主動爭取，也會把條件相當的人分成兩個陣營。

主動展示自己的才能與追求的人，會得到更多機會和資

源，而被動等待別人的認可的人，常常因錯失機遇而怨天尤人。

當你主動爭取時，會發現世界都是你的。困難沒你之前預想的難，收穫卻比你之後以為的多。

人生就像吃自助餐，你不主動拿自己喜歡的菜，那麼注定吃得不爽。

你必須精力飽滿，才禁得住世事刁難

前幾天我升職了。

事後人事部好友告訴我，在選拔例會上幾位主管討論我的升職事宜時，有位經理贊成的切入點居然是覺得我精力好。他說經常看到我一早就神采奕奕，走路有彈跳感，說話繪聲繪色，辦事手腳俐落，加班也元氣滿滿。大主管把話接過去說：「精力好就是硬實力，世上所有的工作，做到最後都是看精力。」

聽完好友的轉述，我覺得很汗顏，以前還沒聽說公司誰因精力好而被提拔。同時我又有點心虛，因為像我這種在西醫看來是缺鐵性貧血、中醫看來是氣血兩虧的人，能給人精力好的印象，愈想愈心花怒放。

不管生活還是工作，歸根結柢我們拚的都是精力。

我有一次和同事上街，看她大熱天裡帶著五歲的兒子出門。

男孩哭鬧，她得溫柔地哄；男孩亂跑，她得牽住他的手；

男孩調皮，她得講道理；男孩沒力，她得抱著他走。

　　我邊看邊感慨當媽不易，要是精力不夠好，連孩子都帶不了。有一次我在知乎上看到一個提問：「《紙牌屋》中的大人物們經常晚睡早起，精力卻依然旺盛，這真實嗎？」

　　我給這個回答按了讚：「應該說沒那種精力的人熬不到那個位置。」

　　工作上精力好有多重要？我大學假期去義烏實習，跟著接待東歐客戶，陪著在商貿城裡邊逛街邊下單。我原以為這很輕鬆，其實不然。上午我還精力十足，跟著客戶逐家店鋪比貨詢價，給樣品拍照，記訂單資訊。客戶中午大多不吃飯，我愈走頭愈昏。我猜當時客戶看我無精打采的樣子，會覺得我不夠專業。

　　我認識一位年紀輕輕就在中日合資公司做品管部長的人。她年輕時工作太拚了，通宵達旦地研究品質管理體系。日方代表定期檢查車間，為了方便溝通，她開始學習日語，吃飯時飯菜能湊合，但啃單字、練聽力的事不能湊合。她的敬業精神和專業素養讓很多合作商大加讚賞，但遺憾的是她前幾年生了場病，病好後精力就大不如前了。後來我看到了臉色蠟黃、聲音虛弱的她，聽說她現在不能保證全勤，評審機構或大客戶來訪，她還得專門吃藥撐著，真為她遺憾。如果她保重身體，精力一直好下去，那該多好？

　　所謂菁英，首先要精力好。

　　精力好和精力差的人，過的是兩種不同的人生，擁有的是兩種不同的未來。

　　我們在說精力的時候，其實是在說精力管理。

　　我高中同學，大學拿到金融和計算機的雙學位，在倫敦讀研究所後回國進入四大會計事務所之一上班，是發電機一般的存在。

　　有一次她來我工作的城市出差，看到她精力滿滿的狀態，我驚呼：「你居然有一張沒有被摧殘過的臉。」那次見面她其實劇透了她精力過人的原因。她收工後就去按摩，還幫我預約了按摩師，讓我下班後去找她。

　　我倆享受著舒適的環境和舒服的力道聊著天，她提到工作加班熬夜或一週飛幾個省會是家常便飯。我勸她工作忙歸忙，要愛惜身體。她告訴我她深度睡眠品質很好，在辦公室附近辦了健身卡，上班前或午間會抽空鍛鍊，補充著高蛋白，也不碰甜食，身體累了去做理療，心情煩了去練書法。

　　我想起她高三時成績從中上到頂尖，從不午睡但下午注意力保持高度集中，連著被幾節數學、理化課轟炸還能思緒靈活，一有時間就去打籃球或看 NBA（北美職業籃球組織）。

　　她保持充沛的精力有天生體質差異，也與她的追求目標、生活習慣、飲食鍛鍊等要素分不開。

　　我發現精力好的人，會集中能量做重要的事。

比如村上春樹在《關於跑步，我說的其實是……》中所說：「清晨五點起床、晚上十點前睡覺，一日之內，身體機能最為活躍的時間因人而異，我是清晨的幾小時，在這段時間內集中精力完成重要的工作。

「隨後的時間或是用於運動，或是處理雜務，打理那些不需要高度集中精力的工作。日暮時分便優哉游哉，不再繼續工作，讀書或聽音樂，放鬆精神，盡早就寢。我大體依照這個模式度日，二十來年工作順利，效率甚高。」

他說寫長篇小說是體力勞動：「我們常常把創作想得太浪漫，忽略了真正的創作不能只靠靈氣和才氣，還要靠別的。」

這個「別的」，我理解為可持續的精力。身體與夢想兼容的人，懂得做全天制的精力大師。

比起我上述所說的同學或名人，我的精力值就讓人見笑了，但比起身邊的朋友，我拖著病軀還能有這樣的精力，也著實讓我欣慰。

下面我斗膽分享一下，如何做自己的精力大師：

1・你若不把身體顧好，連精力都無處生出

馬奎斯說：「失眠是一種時疫。」睡得又早又好確實很難，天黑請閉眼，加班族請睜眼。就算不加班的人，玩手機和壓力大甚至爆肝打遊戲，也讓人睡不著或睡不好。

規律且優質的睡眠是提高精力的利器，我的經驗是：睡前

少碰電子產品，讓情緒緩和下來，沖個冷水澡，泡個熱水腳，盡早入眠，有事早起來完成。

大忙人善於利用零碎時間來休息，以前我媽看周總理的回憶錄時告訴我，他每天睡覺時間很少，管事又多，好在他經常「打盹」。很多忙人有上車即睡和閉目養神的習慣。除了睡還有吃，半年前的飲食決定了你現在的健康情況。吃太多甜膩食物和垃圾食品的人，會讓身體感到沉重。病癒後的李開復建議吃的食物要足夠雜、粗、素、天然。

我覺得自己身體變好，離不開五點起床、十一點睡覺的作息和有的放矢進行補氣血的飲食。

2‧我見過精力好的人，沒有一個不愛運動

我早上起來運動過的時候，一整天都感覺精力超標；而缺乏運動的日子裡，經常脾氣暴躁，頭腦熄火。

不運動的自己連手機電池都不如，充電八小時，從家到公司就把能量耗盡了。所以我常揪著自己的頭髮，從沙發上自拔出來去運動。我身邊很多朋友從跑步中受益，清空腦子的閃存記憶體的同時，撫平瑣碎的糾結之事，讓人體力與精力齊飛。

電視劇的編劇在寫到菁英人設時，運動必須有，《歡樂頌》裡的安迪每天晨跑，《紙牌屋》裡的克萊爾堅持夜跑，弗蘭克也練水阻划船機。

3・精力珍貴，不要浪費在無聊的人和事上

精力很可能是有限的，儘管能培養，但始終有上限。

所以無謂地浪費精力的行為愈早克制愈好，比如潛伏在微信群裡搶幾毛的紅包、敏感地解讀別人對自己的看法、與三觀不合的無關人員周旋、把工作精力散在業務周邊事情上、經常分心很難集中精力做正事。

而高手說話經常簡單乾脆不囉嗦，做事總是自律專注有秩序。糾結和誘惑消耗人的精力，他們對影響情緒的人和事有種取消關注心態。

偶像尼采在汲取知識方面，知道避開什麼、拋棄什麼，不喜歡泛泛讀書，不認為讀書愈多愈好，只挑自己有問題的書去研習。他曾說過：「我為什麼這麼聰明，是因為從來沒有思考過那些不是問題的問題，沒有對此浪費過精力。」拋開自戀問題，尼采這是大實話。

4・持續的精力，來自內心對夢想的沸騰

我周圍有一類人，有時間、有體力、有能力，就是沒精力。他們躺在沙發上玩消除類遊戲，在手機上進行著「F」形軌跡的閱讀，明明沒幹麼卻整天喊累，做事萎靡不振，負面情緒爆表，沒有努力目標，覺得生活無聊。

周國平說：「無聊是對欲望的欲望。」為自己的精力找個歸宿吧，要麼挖到工作中的價值，讓自己有動力；要麼找到自

己真正想做的事情，全心投入一把；要麼培養一個愛好，爭取
做到半專業程度。

　　精力像是竹蜻蜓，有人拿著倒過來去攤煎餅，也有人放在
頭頂飛上天看世界。別讓長吁短嘆和無所事事，銷蝕你寶貴的
精力。

　　你必須精力飽滿，不然哪裡禁得住世事摧殘？

　　精力一直好下去，就是你閃閃發光的才華。

女孩，請置頂你的賺錢能力

　　每次看到「女人為什麼要有錢」、「女人有錢有多重要」類的標題，我腦中都飛奔過一片「還用你說」的彈幕。

　　這年頭，誰不知道「山無陵，天地合，才敢與錢絕」的道理？

　　沒錢，別說在商場看上的衣服都得偷翻標籤，別說拒絕不喜歡的男人的實力都不具備，就是心裡委屈難受想要大哭一場，你還得心算一下臉上的化妝水、精華液和眼霜被淚水稀釋後有多浪費。

　　我又想起自己畢業那年「眼霜很貴，不敢流淚」的樣子：那是我第一次領到薪水，腳踩風火輪地直奔專櫃，花了當月薪資的四分之一的一筆巨款買下人生中的第一瓶眼霜，隆重地犒賞自己這一個多月的奔波和辛勞。當晚我滿懷儀式感地搽了眼霜，但臨睡前接了個工作中無事生非的電話，處理完畢後愈想愈傷心。眼淚快要奪眶而出那一刻，我拚命睜大眼睛，雙手在

眼邊快速搧風，窩囊地生怕淚水沖刷掉剛搽的眼霜。

就抱持著自己想哭就哭、要哭得痛快這點心願，我也得多賺點錢。毛姆有句話，說得真傳神：「金錢就像第六感，沒了它，你就無法最佳地發揮其他那五感。」

幾年的職場鏖戰過去了，說實話，其實我不認為眼霜的效果有多神奇，但隨著自己能力和財力齊飛之後，別說不會再擔心哭的時候眼霜被眼淚稀釋掉，反而連想流淚的場合都少了許多。

表面上這是職位和收入水漲船高，實際上是能力和心態百鍊成鋼。

反正在我看來，錢很重要，但賺錢的能力更重要。年輕女孩最該置頂的就是在這個社會上的賺錢能力。

是金子總會發光的，來得容易的錢去得也容易，憑自己的工作能力賺來的錢才踏實心安。

有人覺得有錢就有安全感，我覺得有賺錢的能力才更有安全感。這種安全感，不會讓你在銀行卡餘額少於某一限值時，整個人就產生一種資不抵債、錢難消災的惶恐不安，而會讓你有一種主動的駕馭感。

有一次我換房子，女性友人和我一起簽租約。我看到女性友人拿著合約仔細研讀，指出幾條略有爭議的條款讓我確認，我和房東達成一致後才最終簽字。

事後我誇女性友人審條款時專注又給力，她說她在工作中吃過不認真看合約的虧，有些對方不情願告訴你卻又不得不寫的話常常出現在不起眼的地方，漏掉了就會吃大虧。

那個時刻我有點感動，原先同時步入社會的懵懂女孩，現在愈來愈罩得住人了。

我再拿我不同時期的兩個女主管做一個比較。一個主管透過再婚成為公司老闆娘，對事務的判斷常出差錯，對團隊的管控能力不足，業務知識更是匱乏，情緒化加上格局小，常用炫耀和排場虛張聲勢來掩飾自己的不安。

而另一個主管是從基層逐級升職上去的女主管，身經百戰，懂得與人結盟練就彼此的默契，體察人心，知道何時進退，會調整自己更會鼓勵他人，就算事業失意也深諳東山再起的道與術，在不卑不亢中自帶攻城略地的自信氣場。

職場上歷經一步一個腳印，一點一滴打拚出來的人們，更明白事物的發展規律以及解決問題的路徑，身上會有由內而外散發的得體自信與瀟灑霸氣。

據我所知，很多女孩的人生列表裡置頂的還是感情，而且很多人認為感情和事業不可兼得。

我有個朋友，結婚後拒絕公司的提拔，因為擔心升成部門主管後得兼管另一地區分公司的業務。

我正為她的決定而扼腕時，她卻說女人婚後事業做得太好

會導致婚姻不幸。

　　她不惜以「已婚演員獲奧斯卡影后，必然會離婚」的奧斯卡影后離婚魔咒作為論據，煞有介事地列舉先後驗證這條魔咒的多位影后：荷莉‧貝瑞、瑞絲‧薇斯朋等。

　　對她的論點和論據我一律拒絕接受，比如楊瀾、敬一丹等事業、愛情都好的大有人在，再說奧斯卡影后們就算離婚也不愁嫁，再次結婚後感情反倒更加圓滿持久，像是妮可‧基嫚和茱莉亞‧羅勃茲。

　　我想不通為什麼還有女人擔心自己事業出色會找不到對象，顧慮自己成為女強人後情感遭遇變故，焦灼自己越發優秀會讓另一半底氣不足。

　　首先，在一起後你和他就組成了「我們」，你倆不是競爭而是合作，你們這一家人看錢是有多不順眼？

　　再者你賺的不僅是錢，更是如假包換的能力。人在江湖飄，心有餘而能力不足足很狼狽的。

　　最後說得薄情點，男人終究是外在世界的一部分，自有他的運行軌道，你為他放棄變好的可能，說不定他反而因為你沒有變得更好而嫌棄你。

　　你想成為 3D 版的 loser（魯蛇）嗎？自廢賺錢武功就可以。

　　你的賺錢能力裡，有你吃過的虧、上過的當、悟出的道

理、進化的自己，是你在商業世界的生存飯碗和議價能力的綜合體現。

願你親自把曲折的彎路走直溜，從泥濘中把自己拔出來，從無到有的路徑彩排一遍，在賺錢這個前提下，實現內心的強大和豐盈。

沒有自我歸屬感的女人沒得混

　　我那位最有自我歸屬感的好友結婚了。

　　記得在她的婚禮上，新娘的父親含淚把女兒的手交到新郎手上，語重心長地對新郎說：「我今天把自己的掌上明珠託付給你了，你以後一定要好好照顧她！」

　　新郎緊握著新娘的手，對二老深深鞠了一躬：「請岳父岳母放心，以後她的幸福就交給我了。」

　　坐在我身邊的女來賓哭成淚人，發自肺腑地為工作單身多年的新娘喜極而泣。而我好奇的是，新娘看著爸爸和老公在臺上交換自己的歸屬權時作何感想？因為自我歸屬顯著的女人哪裡會甘心奉上自己的所有權？

　　後來我還真悄悄問過好友，她說：「當時在那個場景下確實很感動，但轉念還是覺得我是屬於自己的，我的幸福取決於我，無法真正託付於別人。」此回答沿襲她一貫聰明瀟灑的風格。

我與新娘相識多年，關於她的自我歸屬感體現在：她被詢問意見時，回答基本會以「我覺得」、「我認為」為前提，很少套用「我爸媽說」、「我男友講」的句型；從小到大，她能做的決定很少勞駕他人，文理科的分班、院校科系的挑選、發展城市的取捨、擇偶條件的拿捏，統統自行拍板。若遇父母偶有異議，便以「我喜歡，相信我，努力做」的三部曲打消爸媽的疑慮；每次我們聚會前都會收到她的溫馨提示，以請知悉的口吻叮囑大家別帶家屬，聚會中誰老是講別人的八卦新聞，她總會及時「撥亂反正」；她背著大家畫素描、學彈烏克麗麗、看書以及旅行，被問工作那麼忙哪裡來這麼多隱匿時間，便說有許多只能自己獨享的私人地盤和時間，神聖不可侵犯。

所以，當我看到這麼難以駕馭的女人被兩個男人轉讓主權的時候，祝福之餘略感滑稽。

隨著時間的推移，我愈來愈欣賞像新娘這類屬己感強的女人。我覺得她們大多個性鮮活、生活繽紛，比開了光速的Wi-Fi 還吸引人，種群特徵還是挺明顯的。

1・內心自信，行為瀟灑

她們尊重並表達自我的真實感受，獨立思考，果斷決定，聰明止損，對他人的意見的敏感度不高，不甘心被別人的價值觀餵養，不會擔心周圍人的不同反應而裹足不前，知道自己無

法把所有人都取悅開心、伺候周到。

2．不為任何身分自廢武功

她們明白自己不同階段有與之相映襯的身分屬性，比如為人女、為人妻、為人母，還有各種社會關係，像是閨密、朋友、同事等各種情誼。但不管多重要的角色，她們都不會把自己全搭進去，日常損耗的坑洞需要發自肺腑的興趣才能填平，只支出不收入遲早關門大吉，悅己才能怡人。

3．太善於創造和體驗生命

創作型項目做得愈多，愈能刷新存在感和成就感；體驗類事物試得愈頻繁，愈能品嘗新奇感和充實感。她們深諳無趣味無以遣有涯之生，總會從繁雜瑣碎的生活中抬起眉眼，尋找笑點與淚點，體悟甘甜和苦澀，於是把生活過得活色生香。

拿我老公的外婆舉個例子，這位八十多歲的老太太鶴髮童顏，體態勻稱，目測比實際年齡小二十多歲絕對不是拍馬屁。

當她邊用藏紅花足浴粉泡著腳，邊塗抹護膚霜給臉按摩時，我感覺她是個愛美愛自己的女人；當她退休後，召集很多老人去各地旅遊，還是一路上的講解員，並把旅程的見聞做成光碟放給客人看時，我感覺她早已返老還童；當她坐在書桌前專注地閱讀著書籍，邂逅好詞好句條件反射般摘抄在筆記本上

時，我感覺她過著一種與優雅知性緊密相連的日子；當老伴去世了好幾年，後來她想與在旅行中結識的老先生共度餘生，兒女頗有微詞，自己卻勇於爭取幸福時，我感覺她這屬於自己的美好一生，說到底是對自己有交代的。

沒有對比，就沒有欣賞。我見過不少女生，以偉大和奉獻的名義活得面目憔悴、迷失自我：她們要麼用「做妻子就該有個做妻子的樣子」來高頻洗腦，要麼拿「你知不知道我為這個家付出多少」來頻頻抱怨，要麼以「要不是為了你，我才不會放棄那麼好的機會」來宣洩委屈。

當你主動交出自己的所屬權，對生活丟盔棄甲、繳械投降的時候，所有委屈、不甘、戾氣和怨恨都會接踵而至，不僅使自己痛苦不堪，連身邊人都連帶遭殃。

而活出質感的女人，往往具備自我歸屬感。每天她們都留給自己一點獨處時光，遠離一切氾濫的資訊熵，閱讀、澆花、做瑜伽、冥想都行，也可以什麼都不想不做，靜靜發呆放空。每當生活和工作難以招架時，你要朝著內心釐清秩序，在人聲鼎沸中傾聽自己，在波瀾壯闊中沉澱自己，積攢能量以實現自我。

活給別人看的人，遲早死給別人看。沒有自我歸屬感的女人沒得混，因為放棄了自己唯一能當女一的主場，反而跑到

別人的陣地上刷存在感。

你若精彩，自己安排。

提高生活品質的神器——
是你自己啊！

　　我發現整天對照網路熱帖或時尚清單買買買的人，生活品質未必能高到哪裡去。這是在我參觀同事家後，建立在所見所聞之上的所感。

　　我這位女同事的朋友圈裡，最愛分享的帖子不是「作為精緻優雅的女人，你必須擁有 N 件提升生活品質的玩意」，就是「入手什麼神器後，會讓人因為生活品質和幸福感提升而感覺相見恨晚」。她把「女人在購物中塑造生活」當成座右銘，單單是我在公司看到她簽收的包裹，就不乏象牙白水滴形的磨砂插花瓶、古樸風格的日式手繪飯碗、創意十足的城市地圖碗墊、迷你靜音帶香氣的空氣加濕器、隔水防油的高顏值廚房壁紙、不冒油煙只出美味的麵包機等，這類提高生活格調的神器。

　　看著她身上出現的詩意配飾，目睹她上班拆封的匠心好

物，我忍不住在心裡想像她那優美如油畫般的生活。在我心裡，她是多會生活的女生啊。所以當她邀請我去她家做客時，我因獲得美好的生活體驗卡激動得難以自持。

　　沒有期待，就沒有傷害。她家給我一種「硬體很不錯，軟體跟不上」的總體感覺。

　　在她家我看見客廳角落裡的加濕器周圍有一攤水漬，瓶身落灰的插花瓶裡的花草半死不活，廚房貼紙上的油膩劇透了貼紙的一次性命運。原本我還期待她用麵包機給我做點好吃的東西，但她說用完店家附贈的發酵粉後就再也沒用過麵包機。最令我捶胸頓足的是她那飯菜上桌前鋪報紙的習慣，一舉兩得地糟蹋了手繪碗碟和個性碗墊的美感。吃完後把帶有菜渣油印的報紙扔掉時，也把我所有關於她的品質生活的想像一起扔掉了。她真是活生生地給我看了什麼叫暴殄天物。

　　我對她的生活無權指手畫腳，只是期待值過高導致吹毛求疵。所以說，她的口頭禪「女人在購物中塑造生活」是個偽命題，購回來的物是死的，用心使用才能賦予它生命力，改變生活本身在於你如何使用你買回來的物品。

　　就算你已經脫離農家樂品味，薪資也跟得上審美，假如無心打理、懶得經營，生活照樣雜草叢生。

　　智者借古諷今，我是借別人來諷自己。

　　我集郵般愛收集各種生活方式 App，手機上食譜類、健身

類、手工類、學習類的應用包羅萬象，每次虎頭蛇尾地測評一番，嘗完鮮後就任其在界面裡荒蕪。我剛才數了一下，我手機裡有七十多個 App，其實常用的不會超過十個。

別看我老公的手機上只有四、五個生活 App，在被他物盡其用的基礎上，還參與他的生活習慣的優化進程。以前他經常不知道錢去哪裡了，現在每消費一筆就條件反射般記帳；以前我提醒他運動他還巧妙地逃脫，現在鍛鍊後主動向我秀卡路里消耗量。

再比如，豆芽機進入我家都快兩年了，也沒被用來發過一回豆芽。我翻開說明書後一看，又得買非轉基因的豆子，發豆芽期間又得人工換水，瑣碎麻煩到讓我望而卻步。

而我有一次回家，我爸把我拉進廚房，參觀他自己拿原始簡單的水盆、毛巾和塑膠瓶發出的豆芽。他輕輕揭開小盆裡厚毛巾的一角，頑童似的說起自己每天早晚都要澆水，避光長三天，豆芽就長好了。看著豆芽一天天長高把毛巾頂起來特別好玩，我邊窺探著生機勃勃地往上冒的綠豆芽，邊懊悔像我這種懶得動手的人就不配吃到綠色豆芽。

應用軟體也好，先進設備也罷，只能輔助那些真正想改善生活的人。你堅持，它們事半功倍；你偷懶，它們愛莫能助。

估計很多人跟我一樣吧，買東西之前，會給自己找一堆不得不買的理由：沒有精緻的手帳本就無法好好記錄、錯過這本

精裝本的書籍就會降低閱讀品質、少了跑步機就只能被脂肪團團包圍、不買名牌的廚具就懶得進廚房……把購買好物當作啟動某種生活方式的開幕式，可是買回來以後，三分鐘熱度，一曝十寒，占據空間不說，還會因為使用頻率遠低於預期而生出自責的情緒。

不少被寄予厚望的買買買，在斷捨離中淪為看著就氣的扔扔扔。物質水準發展到今天這個階段，對物品的感情，我不秉持「物質第一性，意識第二性，意識只是物質世界發展的產物」的唯物論，也不鼓吹「不以物喜，不以己悲」的唯心觀。我的生活經驗告訴我，生活品質來自物質和意識的雙重滲透。

好用的輔助工具，能幫助人在生活中達到得心應手的狀態。但如何利用和保養這些好物，完全反映一個人熱愛生活的程度。

有一次我在一本日本書籍裡讀到一個細節，作者推薦了一款德國毛刷，是用毛質細柔、手感極佳的山羊毛製成。她說因為刷子用很細的毛製成，在使用時很容易產生靜電，這樣灰塵就不會四處飛揚，打掃衛生更加輕鬆。作者又提醒，刷毛要定期用洗髮精細心洗滌。

作者若只買了一把優質毛刷，不見得多會生活，必須是使用這把毛刷潔淨了生活環境，並且做好毛刷的保養維護事宜，一個會生活的形象才躍然紙上。

好看的雅致小物，能為我渴望美的眼睛解渴，能給人一種

單純美的氛圍，可無論怎麼說，所謂神器只是輔助。買得起好東西沒什麼了不起的，好物的功能性配上你的主觀能動性，才是改良生活的驅動。

　　所以，真正能提高生活品質的不是所謂的神器，而是你自己。

顏值是你全部生活習慣的加總

我以前為省時間，洗頭潦草，梳頭豪邁，經常掉髮，都擔心變成裘千尺[3]那可怎麼辦；我小時候眼睛內雙，於是開始雙眼皮 DIY，拚命抬高眉眼，大學期間額頭就隱現細紋。

正如蒙田所說：「習慣是一位粗暴而陰險的教師，會悄悄地在我們身上建立起一種權威，起初它是多麼溫和謙恭，但是時間一久，它便會深深扎根，並最終暴露出凶悍而專制的面目。」而我不想讓壞習慣在自己身上建立權威。

用小細節歸納一切外在美。

這次假期的回家之旅，我照例去好友家借宿一夜。我像個糾察隊大隊長一樣，絮絮叨叨地指出她的保養壞習慣。

洗面乳用完不把蓋子蓋嚴實，等著細菌「四世同堂」呢？

洗臉前把束髮帶勒這麼緊，是想讓髮際線「退居二線」嗎？

吃完飯就窩在沙發上看電視，小腹還怎麼「風平浪靜」？

喝完優酪乳不刷牙也不漱口，齲齒叢生還如何笑容傳中國？

好友心悅誠服地接受了我的建議。聽我說她粗線條，她還想狡辯，都怪工作把人忙壞了。

工作愈忙你才更要注重保養習慣啊！因為你可能擠不出成塊的時間去夯實體質、護膚養顏和揮汗健身，而潤物細無聲且化整為零的好習慣和好心情，會像奈米分子一樣鑲嵌進你的日常，讓你不至於因忙致醜。

比如你每天出門包裡帶上泡有花旗參或紅棗和桂圓的保溫杯，利用等電梯、等地鐵的碎片時間暗自運功拉筋。走過一片空氣清新的公園趁機來幾個腹式呼吸，對辦公室桌機的話筒定期清潔殘留的彩妝品，進食後盡可能漱漱口以減少食物殘渣的附著，撓癢時盡量不用指甲蓋而是用指腹畫圈……

這些微小的習慣，哪裡會與你的工作生活或者任何社會角色爭寵呢？

警惕瓶瓶罐罐的障眼法。

我大學宿舍有個寧波女孩，大學時就「土豪」到學著珍妮佛·羅培茲用 LA MER（海洋拉娜）塗抹身體，可是夏天穿短褲時，又無奈地感嘆連 LA MER 都救不了她的蛇皮小腿。我覺得就是因為她不喜歡喝沒味道的水，只吃肉不吃菜，泡個腳能把腳煮成紅蝦狀，出了浴室全身還在冒水蒸氣。

後來我們全宿舍的人逼著她適當飲食、遠離熱水後，她的小腿才漸漸擺脫乾燥脫皮的症狀。

　　我身邊有幾個賺錢高手愛買又貴又好的護膚品犒賞自己，都累虛了，不買好的護膚品太對不起自己，這或許有理。

　　但我也發現，確實有女生仗著自己用著最新科技、最好原料的名牌保養品，所以晚上可以多滑一下手機，反正用著屏蔽所有眼周問題的奢華眼霜；可以多晒一下太陽，反正擁有修復 DNA 損傷的修護面霜；可以多吃些甜食，反正入手能讓肌膚抗糖化的高新精華；頭髮可以多燙染百變，反正買下了能讓頭髮起死回生的護髮神水。這十分危險。

　　很多青春無敵的女孩，年紀輕輕用著皇室級別的保養品，卻熬夜、亂吃、泡酒吧揮霍人生。反正科技會推陳出新的嘛，但我建議大家別有這種想法，想必有不少濫用抗生素，最終無藥可用的患者當初也是這麼認為的。

　　肉眼可見的身體狀況都是內在健康的外化形式，還不如把身體表徵當作內部的顯示儀，面部浮腫就吃清淡些的食物，眼周泛黑就早點睡，臉上長痘就少吃糖，衣服緊繃就多運動。

　　護膚品能當作一種錦上添花的補充，但是不能當作鋌而走險的壯膽。

　　別因為對執行力的看重，忽視了情緒的重要性。

　　我有一段時間對自己特別狠，為養成每天喝八杯水的習慣，手機定了八個鬧鐘來提醒自己，不按計畫執行還要自我懲處；哪天偷懶沒運動就在日曆上畫個「×」，並在第二天加倍

完成；視防晒為重中之重，彷彿晒到太陽就會像聶小倩一樣人間蒸發；晚上寫日記，如果吃了垃圾食品就深刻檢討。但其實那段時間我快崩潰了。

執行力和好心情都是加分項，但極端苛責的執行力勢必會導致心情緊張焦躁，效果未必好。有些傻大姊型的美女，或許有些習慣不是很好，但人家也能憑著沒事偷著樂的心態扳回一城。

我們沒必要奉行教條主義，書上達人的保養步驟不是非完成不可，就算沒做到盡善盡美也不應痛苦自責，不要過於糾纏於美容行為本身。我們追求外在美是為了更熱愛自己、更熱愛生活，如果熱愛未遂，速速停下矯正。

居然有人看不慣經常健身、美容的女孩，理由是取悅男性或內在膚淺。這種人是得了腦膜炎還是口蹄疫啊？女人愛美難道不是普世價值觀嗎？就算取悅了別人也是順道的事，女人就算外表美麗也不意味著內涵就負相關。這些說法不值得我們影響心情。

我是那種沒有吸日月精華、享基因彩蛋的普通女孩，多年來花時間圍剿黑色素、打擊贅肉、挽救渣髮質、練就強體魄，雖說到現在仍然沒跨入美女行列，但是自我進步的相對值仍讓我有種得意感。

這種成就感，大家快來試試看。

---

[3] 金庸小說《神鵰俠侶》中的角色。

上進女恨不得別人身上的優點
都長在自己身上

　　有段時間很流行講述圈子的文章，要麼傲嬌地宣揚「圈子不同不必強融」，要麼好心地勸「別人的圈子先別擠入」。那些沒有過硬本事撐腰還敢優越感氾濫、對人缺乏尊重讓人覺得生理不適、好吃懶做且品行低端的圈子，免會費、送豪禮、手機充值費，我都不屑加入。

　　而那些閃光點迸發的出色個人，不管隸屬哪個圈子，我都想把他單拎出來學習一番。我是個輕微沉溺於自我改善的人，看到別人身上有什麼優點，統統想長在自己身上！我自己完全是學習優秀個體的既得利益者：看到周圍小學渣進化成高材生，就去尋求進步方法；看到身邊小黑妞逆轉成皮膚白皙的人，就去打聽美白之道；看到廚房低能兒變為美廚娘，就去諮詢祕製食譜。

　　一句天生聰明、天生麗質、天才食神都不能輕易把我打

發，我就是各種軟磨硬泡、連讚帶誇地把別人的好辦法、神技能學以致用的人。於是我發現自己的世界觀和方法論一天天在壯大，每天能聽到骨節在生長的感覺倍爽。

在內外兼修這回事上，師夷長技簡直太有必要。

前幾天我在折騰身分證換證事宜，真沒什麼能比間隔十年的證件照更能催人感慨了。說實話，我更喜歡現在的自己。

拍原先的身分證照片時，我處於低潮期，那時候目光所能及皆荒涼：三百六十行，行行出渣男；兵書十二卷，卷卷不如意；總覺得別人諸事順遂，而自己命途多舛。我會百感交集地羨慕別人，後來決定改變一下，與其無謂地羨慕，不如釐清別人的哪個內在屬性讓我欣賞，然後拷貝過來據為己有。

從那時起，我開始細心觀察。

比如我同寢室的一個女生皮膚特別好、學習超級棒，除去很多我們相似的生活習慣外，我發現此人入睡很早。我們晚上十一點熄燈，她十點半就上床。我們開臥談會時，她早睡著了，第二天早上五點就起床，朗讀英語或者高效自習。當我把她的習慣拆封試用了幾天後，發現自己的精神狀態、學習效率和膚況體質都有肉眼可見的改善效果。所以直到現在我依舊保持著這樣的作息習慣。

還有一次回家過春節，同學聚會時我發現去廣東讀大學的同學臉蛋白嫩極了，我們幾個女生就深挖祕訣。她告訴我們

廣東的飲食對皮膚大有裨益，她買了個低功率的燉鍋放在寢室裡，跟著本地的同學煲湯，上火了煮綠豆水，秋燥了煲百合湯，曝晒了熬薏米粥，去食堂吃飯必點番茄炒蛋，外出點菜要點蒜蓉花椰菜。我心悅誠服地把這些好習慣一一學到。跟著她學習後，我也日益白嫩。

持續不斷地師夷長技以內外兼修，是我十年來一直在做且受益匪淺的事情。

比起小情緒，進步更關鍵。

前段時間，有一位女同事向我揮淚訴苦，老公經常應酬，忽略妻女，回家很晚。她吵架，他頂嘴；她冷戰，他離家——她感覺婚姻風險指數挺高。

我想到以前朋友 A 晒幸福的素材。A 曾說她老公有一天加班回家，A 為其唱了一首改編的兒歌：「我的好 ×× （老公暱稱），下班回到家，忙碌了一天多麼辛苦呀，讓我親親你吧，讓我親親你吧，我的好 ××。」

我慫恿同事試一試。沒過幾天，我同事恨不得給我頒發感謝獎牌。她說她不好意思，讓自己的女兒學。有一次她老公回家挺晚，進門輕聲換鞋時，她女兒搖頭晃腦地唱著改了詞的歌曲，她也邊打拍子邊輕聲唱，一個鐵骨錚錚的大漢竟被感動得抱著妻女幾度哽咽，後來家庭氛圍顯著改善。

我聽後心情挺複雜，因為朋友 A 是我很看不慣的人。我

倆年齡相仿，背景相似，她遇到真命天子後，天天晒幸福，不是婆家財力雄厚，就是老公溫柔以待，我真被她這人生贏家式的秀恩愛行為虐哭了。

加上自身當時境遇不順利，心態不明朗，覺得 A 這個情商低保戶整天小人得志地高調炫耀以維持優越感，我內心對她有種牴觸感。她在我眼裡渾身都是 bug（缺陷）。就算一件日常事件，只要她經手，我就會本能地蓋個嫌棄的戳。

等時過境遷，芥蒂釋然，A 在我心裡的負面形象慢慢消散。我時常想到她說過的話，覺得很有道理。這次她的方法堪稱我同事的婚姻還魂丹，如果當時我豁達一些，鐵定能學更多東西。

尼采有句話一語點破：「總是盯著他人的缺點，這說明你的狀態很糟糕，因為你想通過觀察其他人的缺點，來逃避自己愚蠢、不願努力的事實。」

看到別人晒旅行，你先收拾起泛酸的情緒，與別人閒談當地的風土人情和旅遊攻略不也很長見識嗎？看到別人秀恩愛，你先別忙著羨慕嫉妒恨，與別人談談愛情與婚姻中的經營之術豈不更受益？看到別人炫財富，你不用急著屏蔽封鎖，問問別人有什麼致富小招或生財之道，幹麼與錢結怨？整天對別人黑之而後快的人永無出頭之日。

相由心生在我這裡還有另外一層涵義：自己心態不同，眼裡的成像不同，做與不做造成的結果更不同。我們應該嚥下情緒，真誠學習，把周圍人都當作行動電源，啟動自己處於休眠

中的品質，對他人的吐槽點要引以為誠，對他人的優點要同化
自用。

我發現身邊那些不剛愎自用、進步光速的女孩總在使用這
些小伎倆：

1·習慣性地打開勘探榜樣的小雷達

吃完麥當勞順手把托盤中的殘留物扔進垃圾箱，公車上接
電話用手捂嘴控制音量，像這種提高眼神含糖量的行為我們應
該二話不說學起來。周圍誰腰細了、加薪了、氣質增添了，我
們都應該立馬添加到榜樣列表裡，懷著孜孜不倦的心，想辦法
去拜師學藝。

2·真誠的發問通常讓人事半功倍

「你皮膚好白嫩，快告訴我你都怎麼保養的？」「你的
身材這麼棒，每天都是怎麼鍛鍊的啊？」「你的英文好流利，
有什麼好的學習方法能推薦一下嗎？」誰都對讚美有種不滿足
感，接下來別人釋放高濃度乾貨時就牢牢記下來吧。

3·量體裁衣地取其精華後就開始行動

每個人有自己親測有效的方法，但廣撒網搜羅來的各種
經驗，總得理性科學地評價分析，根據自身情況做出取捨，分
清輕重緩急地逐步推行，親測有效後長期貫徹。最忌就是雜亂

無章、虎頭蛇尾、三分鐘熱度地亂學一氣，這樣你會又累又沒效。

　　看到比你好的人在身邊，你不取長補短，不見賢思齊，那跟鹹魚有什麼區別？

為什麼女人就沒有「潛力股」
這種說法？

　　週末我在咖啡廳看書，對面的兩個年輕女孩在對「挑男人就要挑潛力股」這句話取得共識後，開始排兵布陣地分析計算著數名潛在追求者的潛力指數。

　　「潛力股」要麼說的是股票，要麼說的是男人。

　　為什麼女性就很少被人形容為「潛力股」？難道女性的原廠設定默認值就是潛力逐年遞減的？

　　唱衰的預測從小就不絕於耳：上學時，女生雖然成績暫時領先，但將來在數理化上大多會被男生無情碾壓；發育中，女孩就算普遍比同齡男孩長得高一點，但以後很多男孩會在身高上迅速反超；工作上，女員工被培養出來後有可能回歸家庭，但男員工只要聰明肯幹遲早成為中流砥柱；成年後，女人過了二十五歲就很快老化，但男人通常會在三十多歲的外貌上維持很久。

男女確實存在著生理差別，但社會規則也在推波助瀾。在我看來，在社會發展中是否蘊藏潛力，以及潛力最終是否實現，個人因素遠大於男女之別。冰心說的「男人活著為事業，女人活著為愛情」決定了男女之間的潛力分水嶺和精力投入方向。

生活中有許多加速抵達潛力半衰期的女孩，無緣續優股男性，只能評估具有潛力的異性，甘心自我放棄和自降身價。她們一旦談戀愛，戀情被果斷置頂，智商愧對義務教育，生命中其他重要事項自動隱身，把自己的弱點變成根據地，自己的能力和眼界節節敗退，不安全感與日俱增，生活選項和幸福指數統統由另一半決定。

潛力股絕對不是性別壁壘，一個女人的潛力的存續節點在於，她的價值優先順序是投資自我還是資助別人。

你的潛力源於你出手闊綽的自我投資，總把時間、精力寄託在別人身上的女人真的會貶值。有時社會挺勢利眼的，你價值低，你的愛意、時間與付出也會變得不值錢，不被在乎。

好在我目光所能及，有趣、有貌、有才、有錢的女生已經愈來愈多了，在這些潛力股女孩中，高度重疊的四大特徵是：

1・敢於正視真實世界的複雜與殘酷

她們洞悉社會的生存之道，實力和個人魅力永遠是自我實現最簡潔高效的途徑；不會用不切實際的幻想來迴避現實生活

的真槍實彈，深知修圖軟體不能美化真身，僅在社交媒體上的儀式感無法自欺欺人，於是接受真實自我後做出實際改善。

2・對待專業技能絲毫不含糊

她們打雜不忘學藝，工作時認真專注且高效俐落，暫時把兒女情長收納起來；牛市時銳意進取，熊市時閉關修練，時刻強化自己的工具箱，不忘給工作時運行的思維和行動系統殺毒、升級、打補丁。

3・不會把愛情視為人生的單一股東

她們不會在愛情裡彌補其他領域的不如意，看透世上沒有男人是能為自己的所有難題買單的一卡通，明白她們悉心培養出的潛力股成長成才後，自己未必是持股人；愛男人、愛家庭、愛孩子但也愛自己，不論感情多甜蜜或失戀多痛苦，都不是自我消沉與荒廢的理由。

4・持續把自己打造成績優股

她們是探索自己內心疆土的哥倫布，處處發現並吸納著生機，拓寬多重認知邊界以豐富自己，懂得及時止損與糾錯；永保好奇心和求知欲，就算暫時被苟且淹沒、被瑣碎羈絆，也能想方設法地好好安放自己，開掛似的探索樂趣。

　　我覺得女人的潛力養成在於敢冒險，不畏跨界，厚積薄發，精益求精。

　　楊瀾當年在眾人的錯愕下，拋下辛苦打下的江山瀟灑地赴美深造，事後笑稱留學是「給青春一次犯錯的機會」；張泉靈疑似生病還不忘突圍，四十二歲時投身創投界，坦言「確定性沒那麼重要」；董明珠在丈夫因病去世後南下珠海，從格力空調的基層業務員做到集團董事長，說過「我與其他女人不一樣，從小就想做點事業」。

　　潛力股女性的高發地不一定僅僅鎖定在職場上，憑著獨具的匠心和滿腔的熱情，女人照樣能讓自己過得風生水起。比如最大夢想是成為一名家庭主婦的日本女生近藤麻理惠，靠著整理和收納房間，入選美國《時代周刊》評選的「二○一五年世界最有影響力一百人」。

　　我還見過不少小而美的女性將生活中的小細節變成夢想的大載體，熱愛烹飪的全職太太出版美食書籍，說走就走的旅行達人變成專欄寫手，崇尚花藝的年輕白領客串美學部落客。

　　就算有潛力，不去行動的人永遠無法將其兌現成實力。而每一次從自我較量到與人過招，從發現問題到解決困難，關關難過關關過的她們攢齊了行走江湖的通關護照，召喚出一個更加金剛不壞的自己。

　　真正的潛力股女人，拒絕把所有希望都寄託在找到並輔佐

一個潛力股異性身上，有自己這麼好的資源，幹麼放著不用，
非得捨近求遠？

第二章

你怎樣過一天，就怎樣過一生

每天五點起床的人生，
我真的賺翻了！

今早和同事共進早餐，我已經很精神抖擻了，她還睡眼惺忪地沒胃口，我感覺我倆之間有時差。

她一身起床氣，嘴裡嘟囔著總也睡不夠，問我一般幾點起床，我回答五點。看著她張大的嘴巴，我知道她徹底醒了。

我早起的習慣，驚動了很多細心的讀者。有人還到我的微博下留言：「起那麼早不睏嗎？晚上幾點睡呀？怎麼堅持早起呢？」我這個神祕的天蠍座決定不再神祕地講講自己晨型人的養成術。

我讀中學時，被迫安排早起的習慣。作文格寫錯了，練習簿塗改了，我就撕掉重寫。

追求完美是內心腳本，導致我完成不了作業時，只能定好次日鬧鐘早起狠狠地猛趕。那時我為了避免早起的痛苦，誓死戒除作業強迫症。

　　我讀大學後，早起的習慣正式剪綵。一是東部地區天亮得早，對光線敏感的我自動早醒；二是同寢室有個學霸起床很早，在報名中級口譯後，每天早起朗讀英語。我喊著「學霸教教我」跟著她早睡早起，那時我倆清早輕手輕腳地洗漱完畢，找個風景優美的校園一角便開始學習。

　　我嘗到進步大、狀態好的甜頭後，從此早起固化成我的生活習慣。後來工作了，結婚了，我依然每天早上五點左右自然醒。

　　叫醒我的不是鬧鐘，而是美好的生活體驗。

　　我醒後不會賴在床上胡思亂想或翻來覆去，而是做兩次伏地挺身後迅速起床，因為有幾個「愛妃」在等我翻牌：看書、寫文章、鍛鍊或做早餐。

　　我喜歡在早上五到七點閱讀，手機啞巴了，老公還在睡，不被攪擾，靜謐溫馨，這是我和作者的私人約會時間。作者在書中分享經驗或表達觀點，而我透過產生共鳴或持有不同看法來回應作者，邊看書邊做筆記，過腦且走心，高效且專注。

　　靈感出現時，我就寫文章。在這個時段裡，最易釐清思緒，最能沉澱心情。我常常敲擊鍵盤都敲出節奏感，寫到該出門上班了還意猶未盡。

　　當疏於照顧身體時，心生內疚的我不惜用清晨時間來彌補。感覺缺少運動了，我就會鋪開瑜伽墊，小聲地放著輕音樂，讓

自己在一呼一吸間吐納，在一拉一伸中變得強韌；我感覺缺營養了，或煮五穀粥，或榨豆漿，或泡花茶，用食補來增強體質。

每天早上的兩個小時，讓我遠離一切資訊熵，可以淡定從容、有條不紊地去做自己喜歡的事，這種體驗真美好。

長期堅持早起，你將活出升級版的自我。

你一定聽過柯比·布萊恩的一句話：「你知道洛杉磯凌晨四點鐘是什麼樣子嗎？」

他說：「每天洛杉磯凌晨四點仍然處在黑暗中，我就起床行走在黑暗的洛杉磯街道上。一天過去了，洛杉磯的黑暗沒有絲毫改變；兩天過去了，黑暗依然沒有半點改變；十多年過去了，洛杉磯街道凌晨四點的黑暗仍然沒有改變，我卻已變成了肌肉強健、有體能、有力量、有著很高投籃命中率的運動員。」

我的大學學霸室友，大學四年堅持早起學習，中級和高級口譯都過了，後來去了她夢寐以求的名校讀研究所。

我以前有位做外貿的朋友，負責南美市場。她告訴我凌晨四點半起床發郵件，這是她和國外客戶同頻交流的時段，她的業績也是扛壩子級別的。

很多高產作家早上四、五點鐘起來寫作，村上春樹凌晨四點左右起床寫小說，「靈魂有香氣」的李筱懿也是四點多起來寫文章。每分堅持，都是伴隨著痛苦和收穫的，把早起的時間充值到改變人生的一萬小時定律，最後化作更強健的肌肉、更

優秀的成績、更出色的業績，以及更多產的成果，他們都變成了升級版的自己。

晨型人的早起配方大公開，如何不痛苦地早起並保持高效能？

1・早起倒逼自己養成早睡的好習慣

晚上滑手機睡不著的人早上鬧鐘叫不醒，而很多早起的人能早睡，這是睡眠守恆定律。有個標題叫「晚睡，是想和自己多待一會兒」，我多想說早起也能啊，而且從科學的角度來看更健康，夜貓子的身體素質哪裡能 PK 過晨型人？

我的學霸室友晚上十點睡覺，早上五點起床，幾乎每天夜跑，我羨慕死她的好狀態了，從皮膚到氣色、從身材到成績無不讓人羨慕。

我現在十一點不睡，就覺得眼皮上被抹了膠水。我的睡眠品質奇好，一碰枕頭就能不省人事，夜裡雷雨交加我一概不知，上下班路上也要見縫插針地瞇一會兒。

2・早醒後找到迅速進入狀態的方式

《大方》雜誌刊登村上春樹採訪時，他說：「寫長篇小說時，基本都是凌晨四點左右起床，從來不用鬧鐘，泡咖啡、吃點心後，就立即開始工作。重點是，要馬上進入工作，不能拖拖拉拉。」

我的經驗是，醒來還在床上翻來覆去的，容易一整天都頭昏腦脹；早起後拖著不幹正事，我會因為浪費精華時間而深感沮喪。

而如果我醒來後做兩三次伏地挺身，出臥室後乾搓臉半分鐘，頭腦清晰後，馬上投入到看書、寫文章、鍛鍊或做早餐中，那開了個好頭的一天就有好彩頭。

3・思考性事項 > 例行性事項 > 不重要事項

早上人精力充沛，狀態佳，適合學習和思考，比如用來深入閱讀、練習外語、聽開放式課程、建立知識體系等；比如平時被推著走的自己，可以靜下心來想想人生中各種事的輕重緩急。

例行性事項如果不急，我們沒必要用這個時段來做。回覆郵件會讓人覺得工作超長待機，用來做家務處理雜事更是把早晨的時間大材小用。

還有些不太重要的事，像是「上朋友圈商學院」、刷微博熱門八卦，如果我們把這些瑣事前置到一天之計的早晨，那真是把早晨暴殄天物了。

4・不妨從早起半小時開始試試

前幾天，一位好友和我說，她忙於鑽業務、寫稿子、提升自己，強烈感覺時間緊張。她也看上早起這塊肥肉，但是試著

早起後反而更沒精力。

　　沒有早起習慣的人突然早起一兩個小時，大多會把一整天的狀態搞得很緊繃，還高喊「早起毀一天」，錯誤的方法白瞎了一顆想自我突圍的心。

　　我建議大家不妨從早起半小時開始試試，甚至一刻鐘，循序漸進，配合早睡，慢慢調整生理時鐘，起床後做自己最感興趣的事，然後摸索出最適合自己的早起方案。

　　相信我，早起也是會上癮的。

　　早起於我如同夏至，因為那天太陽到達北回歸線，白天最長夜晚最短。它拉長了我的白天時間，讓我更有生機，更感光明。

　　我想到熊培雲的詩句，「你是你的滄海一粟，你是你的萬千可能之一種」，早一點起床做自己喜歡做的事，成為更好的自己的可能性也會更大一些。

每晚十一點前睡覺的人生，
做到就是賺到

今天我起床照鏡子，咦？好久沒長痘的我，臉上居然冒出一顆紅痘。我立即啟動檢查機制，飲食、壓力、運動、護膚品基本沒變，可疑之處得到進一步鎖定：晚睡。

我以前一般晚上十點半就睡了，最近這個月以來比以前平均晚睡一個小時。一是《陰屍路》第七季開播那天，悲壯罹難的格倫讓我傷心到差點失眠；二是開了公眾號之後，以前的睡點變成了現在的興奮點。

臉上這顆痘，是我晚睡之風有所抬頭的證據，是我的身體派來提醒我早睡的信差。

自從我寫了〈每天五點起床的人生，我真的賺翻了〉後，有不少讀者加入了早起行列。我最近還能收到不少剛開啟早起試用裝的讀者遇到的各種問題。在大部分人的早起實踐中，最大難關是如何早睡，我也順便重溫一下自己晨型人養成術的初

心和經驗。

　　早睡是藥，但幾乎沒有藥能代替早睡。

　　小時候爸媽帶我去朋友家做客，叔叔阿姨比我爸媽年輕約五歲，看上去卻和我爸媽像同齡人。

　　那對夫婦都是菸草公司的員工。公司業績超好，他們需要值夜班，但補助不少，增加休假且多發薪水。我看見他們家有很多我沒見過但一看就很高檔的保健品。他們公司的福利之一是可以到集團所屬的溫泉酒店泡湯按摩，那天他們還帶著我們一家去體驗了一次。

　　我邊泡溫泉邊想，憑叔叔阿姨的保健豪華套餐，也沒作息正常的爸媽抗老。

　　那時我就歸納出一點：早睡可以代替很多藥物和治療，但幾乎沒有藥物和治療能代替早睡。

　　最近這兩三天，我從晚上十點半硬熬到十二點才睡，還凌晨五點多就自然醒。今天我就遭到偏頭痛的報應，像有人拿個馬桶吸盤拖拽著我左邊的頭，就算吃了止痛藥，仍氣色不好，工作效率低。

　　其實，等晚睡的後果體現到臉上時，晚睡的影響早就在體內橫衝直撞地旋轉三周半了。

　　你早早去睡，是為美好明天養精蓄銳。

你若不早睡，誰替你漂亮？

據我觀察，身邊很多女生兢兢業業地護膚，再孜孜不倦地熬夜，她們的膚質整體 PK 不過早睡的女生。

有個資深保養女性友人有一次就感嘆過：「我擦五千多塊的面霜和眼霜，說真的還沒有那十點半睡覺的人皮膚好。」

別說男人比較抗老，我認識一個在碼頭三班制的調度人員，與我同年同月生，白髮比我茂盛多了。

我晚睡的這段時間，連近視的我裸眼都看出自己淚溝明顯、法令紋深刻，而以前早睡時，臉上那種自然的光澤度是我搽蜜粉、抹腮紅都偽裝不出來的。

早睡可以分泌反轉時光的荷爾蒙，這是真的。

你若不早睡，誰替你健康？

《超級演說家》裡面那個穿紅裙的投資人周西，在卵巢腫瘤確診前，發表了讓我淚流不止的演講《滾蛋吧，腫瘤君》。

她後悔「這一整年我幾乎沒有在當天睡著過，熬夜到凌晨一點、二點甚至到三點」，好在她的腫瘤是良性的，謝天謝地。

還有寫了《此生未完成》的年輕復旦女教師于娟，被查出患癌症後懊悔自己「十年來基本沒有晚上十二點之前睡過，厲害的時候熬通宵」的生活習慣。

有時候我們會去感慨「明天和意外哪個先到」，你的僥倖心理，你的明知故犯，真的會提高意外比明天先到的可能性。

你若不早睡，誰替你排除萬難？

曾有個讀者問畢淑敏：「如何度過人生的低潮期？」畢淑敏的回答中我最記得其中一句：「好好睡覺，像一隻冬眠的熊。」

大道就是那麼至簡，真理就是那麼樸實，好好睡覺，養精蓄銳，第二天醒來神采煥發的自己猶如鎧甲披身，才有力氣排除萬難。

晚睡的你，怎樣做自己的催眠大師？

在我們這個社會中，有人由於社會分工和工作性質無法早睡，也有天才據說很少的睡眠時間就已足夠。但我這篇文章，是寫給明明有條件早睡卻拖著賴著晚睡，明明已經久病了還不做自己的良醫的人看的。

除去有些睡眠拖延症的人外，確實有人忙完工作就很晚了，或者本身有睡眠障礙，我這個過來人來分享一下經驗。

1．不擇手段地養成早睡習慣

我極為重視早睡，是因為曾整整一個學期失眠。那種每根頭髮都失眠的經歷，我至今想起來都發慌。

那時寢室熄燈後，聽著室友的磨牙聲漸漸響起，看著昏暗的天花板直到天亮，我數綿羊數水餃、調呼吸調睡姿都睡不著，舉世皆睡我獨醒的感覺真的很讓人絕望。

從那時起，我決定讓入眠好習慣都長在身上：遠離茶、咖

啡等讓人興奮的飲品，喝熱牛奶、飲小米粥、服褪黑激素，甚至買紅酒來小酌，睡前邊泡腳邊聽助眠音樂邊看馬哲、政經等抽象書籍。

這些辦法有些用，後來我慢慢能睡兩三個小時。其實那時我失眠是因為焦慮，但這些習慣對我消除焦慮恢復正常睡眠，功不可沒。

2・不要在晚上反芻心事

亦舒說過：「不要在晚上做出任何決定。」

別說做決定，連心事你都別想。我發現同一件事，晚上思考很容易讓人鑽牛角尖，愈想愈難受，做出的決定八成讓自己後悔；而清晨醒來，頓覺事情根本沒那麼糟糕，做出的選擇積極有建設性多了。

我的經驗是：白天高效學習或工作、堅持運動，晚上十點後遠離讓我興奮的書籍和對話，減緩大腦運轉速度，這樣更容易頭碰枕頭就睡著。有什麼疑惑白天去問當事人，有什麼擔憂白天全力以赴地解決問題，緊湊充實地度過白天的時間更利於睡眠品質的提升。

3・早睡是百分之一的幸運 + 百分之九十九的不玩手機

手機此處可替換為 kindle、iPad 等電子產品，電子螢幕是否會干擾褪黑激素不好說，能分泌興奮劑倒是真的。

很多人睡前習慣拿著手機刷微博、朋友圈、公眾號，提示更新的小紅圈大海無量地湧來，等指尖點過這連結十八彎的螢幕，已痛失最佳入睡期了。

我有一次躺在床上玩手機，就算睏到看了也記不住，還執著地舉著手機，後來手機掉下來砸到眼鏡上的鼻托，差點把我的鼻梁弄破皮。

現在我吃一塹長十智：臥室是睡覺重地，手機與平板電腦不得入內。

4·不妨從早睡半個小時試試

說實話，現在很少有人能每天晚上十一點前入睡，工作繁忙、拖延成性、習慣晚睡、室友打擾，狀況不勝枚舉。

不妨克服困難早睡半小時，感受幾天。工作忙的人試試用早起半小時來代替晚睡半小時，有拖延症的人試試盡早把刷牙、洗澡等必做事項完成，習慣晚睡的人試試自欺欺人地把時間提早半小時。有室友打擾的人……我是聽說有奇葩寫腳本定時登錄路由器斷網，或下載軟體干擾別人的 Wi-Fi 的方式，但未曾親測。

試試唄，反正早睡一天賺一天，說不定你會更愛那個因為早睡而第二天精力充沛、活力滿滿的自己。

睡覺是件多讓人上癮的事啊，讓這種癮循序漸進地提早一些吧。最後，容我吟一首小詩：

你是你自己的銀行帳戶
別讓辛苦打拚的積蓄突然透支
你是你自己的雄心壯志
別讓腳踏實地的積澱不歡而散
將來的你會感激現在努力且早睡的自己

早睡早起，是 CP 值最高的自律

在北京大學二〇一七年迎新典禮上，白建軍教授對新生的建議火遍全網：

「早睡早起＋把微信朋友圈控制在十人以內＋拒絕以陪讀為目的的表白。這個辦法能不能把你弄成菁英中的菁英，我不知道，但試過的人都說好。」

這三項建議中，我試過「早睡早起」這一項。抓住早睡這個突破點後，早起也能輕鬆上手，投資小，回報大，CP 值高，我從中撈到太多好處。

我以前寫過一篇早睡文，一篇早起文，兩篇都上了熱搜。此後，許多不能早睡早起的朋友紛紛來問我，有人催我建群帶領大家早睡早起，甚至有首都高中的人找我去給學生做演講分享經驗。

這一系列事情讓我受寵若驚。我這個平凡人因早睡早起，竟成為自律小偶像，現在自律界的門檻已經這麼低了嗎？

　　但當我觀察周圍的人，這大約是個年輕人全民熬夜的年代。有人工作分工沒辦法，有人夜晚工作效率高，有人單純有晚睡拖延症。大多數人在睡覺方面缺乏自制力，晚上不想睡，手機像長在手上似的，早上起不來，醒來就跟鬧鐘嘔氣，一天到晚覺得睏。

　　原來在我們的時代，早睡早起真的變成了最知易行難的自律行為。

　　最近網友因為突發腦出血住院，失聯了九天。

　　他之前某晚聚餐回家，玩完手機凌晨一點半睡覺，第二天醒來後，在沒有徵兆和受碰撞的情況下，後腦勺像被針扎一樣，身上滲出冷汗，說話哆哆嗦嗦。

　　他到了醫院後，CT 掃描出腦內多處出血，醫師開了病危通知書。他開始臥床治療以及禁食，打針打到沒位置打，吐到膽汁都出來，到了第九天才清醒。很多人在事業上升期突然生病倒下，醒來後都會對自己的生活壞習慣逐一問責，首當其衝的就是熬夜：

　　「一定要規律作息，朝六晚十，我長期熬夜到凌晨一點多才睡，第二天又早起工作。週日睡到中午十二點多才起床，只吃兩頓飯，晚上兩三點才睡覺。熬夜的傷害其實長期潛伏在你的身體裡，你永遠不知道什麼時候會爆發。」

　　我隨手翻看著評論，被其中一些樂觀又反轉的留言驚住了：

為了警告大家不要熬夜，樓主熬夜寫下文章；連續熬夜七年了，只能說我是打不死的小強；聽完樓主的話，以後只能膽戰心驚地熬夜了；道理我們都知道的，可就是忍不住要熬夜啊。

晚睡無眼，招招打臉。

但依然有很多人，不在別人的遭罪中汲取教訓。太多的道理，人教人教不會，事教人才教得會，只是後者的代價未免太大了。

有時候我看社會新聞會有種分裂感，一邊是說國人的平均壽命逐年遞增急需推遲退休，一邊是動不動就猝死的人一個比一個年輕。

三十六歲的 IT 男張斌猝死於馬桶上，當天凌晨一點還發出最後一封工作郵件；三十二歲的復旦教師于娟說長期熬夜是慢性自殺，本人十年來都在晚上十二點後才睡；二十二歲的大三女生哀滿在半導體公司實習，連續工作十五個小時後吐血身亡。

以前我在深圳工作時，有段時間早上五點多就起床，去附近的荔香公園快走，發現這個時段公園裡老年人的密度極大。他們神采奕奕地進行著做體操、跑步、揮鞭等各種鍛鍊。看到年輕人密度最大的時段則是晚上，我有時加班到晚上十點多，在趕回家睡覺的路上，看到辦公大樓裡還有大片燈光，商場周圍還有 K 歌聚會，便利商店裡還有人進人出。

這好像現實版的城市縮影，早睡早起的老年人和晚睡晚起

的年輕人處於不同的時區。結果，老年人狀態愈來愈燃，年輕人卻愈活愈「喪」。

我想起家裡有一位長輩評論延遲退休：「我們這屆的老年人延遲退休還撐得住，你們這群年輕人天天熬夜、三餐胡來，能不能撐到退休的年齡都成問題。」

其實，早睡早起，是 CP 值最高的自律。

前東家大主管三十多歲那年，治好鼻咽癌後，作息習慣大變。他把工作模式從沒日沒夜改為早睡早起，工作績效不減反增。

我嬸嬸婚後愈長愈好看，隨著年紀增長，皮膚卻比初見時細膩白嫩了很多。她說因為自己單身時的熬夜習慣，結婚後戒了。

我清晨五點去公園的事蹟被前同事們知道後，他們都扠著腰笑我過著老年人的生活，可那時我的工作效率和身體狀態都屬於顛峰級別。

我最近採訪了一位服裝品牌的女創始人陳熠，她是主持人馬汀的太太。

採訪前，我沒想到作為一個張羅創業公司大小事務、頻繁參加品牌活動和電視節目、照顧一兒一女的飲食起居的媽媽，竟然這麼活力四射，聲音竟然這麼帶感。

我掘地三尺地問她如何保持這麼讚的狀態的，她說歸因為

早睡早起，作息規律。她告訴我，她剛生完孩子那陣子，半夜餵奶導致睡不好覺，眼圈深黑、披頭散髮，整天抱著負面情緒的「全家桶」唧啊唧。

這幾年，她的生活品質因睡眠而改頭換面，晚上八、九點把小兒子哄睡，然後給大女兒講睡前故事。通常女兒還沒睡著，她倒先催眠了自己。她晚上九點或十點就入睡，第二天早上七點起床，能最大限度地保證自己電力滿格。同一個人的兩個對照組證明，每天早睡早起，讓人心情愉悅，辦事高效能。

但凡眼不拙的人，都看出老天在打賞敬重生理時鐘的人。

以前，一位文筆有靈氣的女作者白天上班，晚上寫作，我每次看到她的公眾號的更文時間都心疼她。她做任何工作業績都要拚到極致，任何吃穿用度都要用最好的，凌晨一兩點才睡是常態，生病了還邊打點滴邊寫作。

在她的某篇文章裡，她悲情地說自己掉髮嚴重、記性變差，懷疑白己會早早死掉。

我不看好這種「自毀式的勤奮」，這哪是雞血，分明是狗血。一個作息失序無常的寫作者，連字裡行間都爬滿了負面情緒和擰巴感。我多希望她能把晚睡晚起置換成早睡早起，在工作時間差不多的情況下，把對身體的傷害降至最低。

以保重身體為前提的努力，是一種遠見。

我熱愛寫作，也想長久寫作，所以榜樣都是精力足以支撐

終生寫作的人。

比如村上春樹。對其創作而言，他認為最重要的就是集中力和耐力。寫小說固然不必運動身體，勞筋動骨卻在體內熱火朝天地進行，這就是他早睡早起、朝五晚九、規律生活、堅持跑步的原因。他是為了身體好，有體力，以便能有寫一本書的能量。

另一位高產、優產的作家松浦彌太郎，在《正直》一書中也寫到早睡早起、作息規律的重要性。

他說：「每天晚上十點左右上床，早上五點起床，每隔一天要去鍛鍊，快走十公里，然後八點去上班。這種規律性的生活對我來說，是非常重要的工作之一。」

健康管理是我們最重要的工作。

沒有規律的生活節奏，對自己的消耗特別明顯，不僅僅是身體的消耗，精神方面也達到臨界點，同時工作品質也會大大降低。

有規律地生活，是我們做好一切事情最基本的要求，時刻保持旺盛的精力，這也是獲得信任的第一步。

如果你追求事業、熱愛生活、深愛家人，那麼一定把健康當成頂層設計，掛起晚睡的戰靴，遠離手機這類晚睡培養皿，第二天早點起來提升自己或運動。

我始終相信，早睡早起身體好，身體好的人，才有一切的選舉權和被選舉權。

「吃商」高的人，真的很有遠見

上個月我媽做完手術後，腸胃功能失調，全靠針水養著，一下消瘦憔悴了很多。

隨著腸胃的恢復，她開始循序漸進地吃東西，手術出院後吃得好、睡得好。我爸每天去買新鮮食材，換著花樣做營養清淡的養生餐給她吃。她體重增加了，氣色也好了起來。我算是發自肺腑地認識到一點：能吃能睡，彌足珍貴。

在我看來，所謂的「吃商」高，就是吃得既健康又快樂，體質更多的是後天吃出來的。我從小以為自己每個月都要扁桃腺發炎是因為體質太弱，直到去江南一帶上大學才意識到，飲食清淡有多重要。我家鄉無辣不歡，習慣等油熱了以後把乾辣椒甩進鍋裡，等冒起白煙後才放菜進去炒，我爸就經常這麼炒菜，好吃是好吃，就是超上火。

讀大學後，一開始我不能適應不辣甚至微甜的口味，還要家人寄辣椒給我，後來大二臉上長痘，別說辣椒，連醬油之類

的調味料都不碰。等飲食清淡後，我發現自己一年扁桃腺僅發炎兩次，分別在寒暑假回家時發炎。

「吃商」決定體質，一方水土養一方人，一方水土也可導致一方的病。

當年我怕長痘留印，飲食極清淡。在食堂只打淺色的菜，吃餃子不蘸調料，點外賣囑咐只放鹽，再加上經常去校門口買薏米水、銀耳湯，痘印退了，皮膚變白了。

那時我發現，飲食真的可以改變皮囊。

大學期間，我選修了營養課。我記得老師說過，「改變飲食習慣，就能改變體質」。有時候，好吃的東西都害人，難吃的食材卻養人，當我一遍一遍給自己洗腦，自己喜歡吃新鮮、原味、清淡、天然的食物，結果味蕾都改變了，甜肥膩、重口味、高度加工的，本能地不想吃，吃了總覺得口很渴，不舒服。

後來我發現自己貧血嚴重，於是增加紅肉攝取量，有意識地增加補血食材，覺得精力有所提升。我慢慢意覺得，你的「吃商」，塑造了自己的身體情況和精神狀態。現在的我對自己的「吃商」還算滿意，平時吃東西盡量吃得清淡天然、健康多元一些，偶爾吃香喝辣也不會罪惡感深重，根據自己的體質有的放矢地進行調整，一日三餐，規律飲食。

「吃商」的人設最對得起自己。

我身邊「吃商」最高的人，是我在深圳認識的同事兼好

友。她入職時，我以為她是水嫩應屆生，經引見才知道她比我大兩歲，皮膚白、身材好、有活力，我司「司花」非她莫屬。她後來和我們這群人成為超越同事的好友，好基因羨慕不來，高「吃商」卻值得偷師。我們一起外出吃飯，麻辣、油炸、燒烤的食物她絕對不碰。她把以前經常發炎的扁桃腺割了，所以吃飯點餐時特別自律，一定會吃清淡食物；我們商量中午帶飯，她前一天就把菜切好、配好放冰箱裡，早上起來炒菜，到公司後直接把飯盒放在茶水間的電熱水壺上面，中午趁熱吃；我觀察過她帶來公司的零食，要麼是拿玻璃小盒裝著洗淨的水果，要麼是一小把混合堅果或一小盒優酪乳，而且她吃完零食會去漱漱口；和她一起吃飯，她常會流露出美食廣告裡女主角沉浸在美味裡的陶醉模樣。我們原本同情她吃的東西沒味道，但她吃得很享受。

她知道自己的身體情況，在吃上有所節制，捨得花時間和精力用心為自己準備午餐，每次都心懷感恩地享用桌上的美食。

在「吃商」上，她的意識和執行力甩出很多人一個三環。所以每年公司體檢，她的結果單上「醫師建議」那欄是空的。

之前我看到報導說：「醫院規模愈建愈大，數量愈來愈多，同時醫師隊伍成倍增長，而病人愈來愈多，這是醫師的悲哀，也是醫學的失敗。」

我這次在癌症醫院目睹爆滿的現場不亞於春運，住院部的

電梯大排長龍，有多名保全維持秩序，化療病人多到病床不夠用，只能坐在走廊上注射化療點滴，患癌病人中不乏二、三十歲的年輕人。

我覺得這種情況不是醫師的悲哀，而是醫學的悲哀。有個數據顯示：「在誘癌主因中，第一位是飲食不適當，占比為百分之三十五。」

其實我們每個人都是自己的醫師，治已病是醫師的事，但治未病是自己的事。

我受不了聽人說：「這不能吃，那也要忌口，活著有什麼樂趣？」說這話的人去趟醫院看看，生病、住院、手術、打針何其煎熬？

還有人動不動就說：「不能辜負美食。」你嫌美食辜負你的情況還少嗎？亂吃東西、不懂節制的人，患病機率會增高，而注重膳食會大大降低患疾病和身體亞健康的發生率。

好好吃飯就是在治未病，人家沒事多看看飲食金字塔，並想想醫學之父希波克拉底的話：「讓食物成為你的藥物，而不要讓藥物成為你的食物。」

如何才能有豔壓群芳的「吃商」？

前幾天，我和親戚們一起吃飯。席間一位在婦產醫院做護理師的阿姨盛完飯就猛吃。叔叔提醒她慢點吃，阿姨邊放慢吃飯速度邊解釋，吃飯太快算是她的職業病。然後大家順著話題

盤點吃飯惡習，被討伐率高的有：

將就吃：上班忙下班累，點外賣、吃零食瞎將就；吃得快：太多工作撲面而來，狼吞虎嚥節省時間；吃得多：只在吃飯的時候，一個人就是一支隊伍；口味重：壓力人心情不好，重口味美食讓心情放飛；有心事：應酬喝酒想著客戶，在家吃飯愁著帳單。

「吃商」低的接盤俠還不是自己？為了一切想要的美好東西，請你速速加入高「吃商」陣營。

1. 半年前的食材，決定了今天的你

我有個同事說她男友總是口腔潰瘍，因為他吃的東西不是罐裝的，就是袋裝的。

還有個朋友是個燒烤愛好者，動不動就聚眾擼串，臉上的痘痘常年此消彼長。

而周圍身體健康、皮囊迷人、精力充沛、牙齒好看的人，基本做到像海子詩裡寫的「每天關心糧食和蔬菜」。

他們通常很少吃零食、甜食、夜宵，再忙也盡量下班回家做飯，累癱也會煮點清粥或蒸點五穀當晚餐。

我下班後通常直奔菜市場，只選購當晚的菜量，回家後聽著音樂洗菜做飯。我覺得與其花錢買很貴的化妝品和保健品，不如燜飯時摻點糙米或燕麥，炒菜時少放油鹽，做菜多以水為介質（蒸、煮、燉），少以油為介質（油煎、油炸），多吃蔬

菜、水果、穀物，週末煲湯犒勞自己。

　　我懶得做飯在外面吃時，依然有美味和健康兼顧的選擇。我愛選粵菜館，點個清淡的時蔬和不膩的葷菜。就算吃速食，我也優先去 SUBWAY，點份全麥麵包 + 新鮮蔬菜 + 少放醬料的搭配。

2. 知道「吃什麼」，還要注意「怎麼吃」

　　吃得慢，不易胖，一個人的身材和吃飯速度成反比。

　　有一次我和女性友人去一家垂涎已久的飯店吃飯，足足排了五十分鐘的隊。好不容易盼到上菜，我恨不得風捲殘雲般大快朵頤，女性友人依然優雅地細嚼慢嚥、慢慢品嘗。這絕對和她不過百的體重有關。

　　人在胖，天在看。對我這種每次吃到十分飽的人來說，亟需修練吃到七分飽。

　　吃飯時人腦慢半拍，你覺得飽了時，實際已經撐了。我現在有意識地培養自己在平時飯量的基礎上先挑兩口飯出去。

　　吃東西時趁熱吃就行，不必趁燙吃，過熱的飲料、食物會對口腔、咽喉和食道反覆損傷。

3. 聽有趣的人扯淡，不陪無聊的人吃飯

　　千萬別小看一個輕鬆愉快的吃飯氛圍，我聽一個朋友講過，他說他應酬時喝多少酒都不會醉，而和好友喝酒很容易

醉。他說應酬時，身體能量都在腦子裡盤算著，胃裡的酒精都消化不了；而放下心防開心吃飯時，能量是在腸胃裡，所以更容易醉。

我有一次去朋友家吃飯，本來小倆口準備了很久，飯菜也很可口，可在飯桌上兩個人因為有道菜鹹了發起了口舌之戰。其實菜也不算鹹，但氛圍不好讓大家都沒胃口，有心事會辜負掉一桌好菜。

總之，「吃商」高的人真的很有遠見，把遠見落實到了一日三餐中。

我們每天都有三次改變體質、變瘦變美、治療未病的機會，且吃且珍惜。

做一個「睡商」高的人，
真的又賺又爽

　　一天早上，與我同部門的女性友人上班差點遲到，剛著急慌忙地坐下，有一位其他部門的同事來問她前幾天兩個部門的對接事項。歷來人精的女性友人，居然反常地愈溝通愈不客氣，後來兩個人有點不歡而散。

　　中午吃飯時，女性友人主動跟我說起這事。其實對方也就是工作上正常詢問和提出建議，她當時卻覺得對方故意找碴，所以自己的態度不友善。女性友人問我，她是不是情商低？接著她又自顧自地解釋，最近頻繁加班睡得晚，好不容易昨晚能早睡，結果在床上翻來覆去就是睡不著，導致今天情緒很差，看誰都不順眼。

　　我回答：「你不是情商低，而是『睡商』低。」

　　所謂「睡商」，是衡量睡眠品質最重要的指標，是一個人在單位睡眠時間內恢復體力和精力的程度。

我以前寫過〈每晚十一點前睡覺的人生，做到就是賺到〉，至今還有不少讀者來找我交流睡眠問題。問題高發區集中在兩類人群中：一是加班多、輪班制、要餵奶等原因很難早睡；二是雖然有規律地早睡，但是要麼睡不著覺，要麼睡不踏實。

雖說早睡是個好習慣，但實際上，睡得早、睡得多都不如睡得好。

你與其糾結睡眠時長，不如改善睡眠品質，正如《生命時報》的微博說的那樣：「睡得好才是真的好。」

你能「睡商」高，就是一件了不起的才華。

「睡商高」到底有多重要：

我表妹畢業後參加公務員考試，筆試成績第一，但面試成績拖了後腿。後來有一次她談起那場面試表現失常的原因：她面試前幾天沒睡好。那年就業壓力大，她爸媽超希望她能考上。她的潛意識不斷鑽牛角尖，如果真的有「一考定終身」，她認為就是這次面試了。

她詳細描述了面試前夜的睡眠情況，剛開始時輾轉反側，夜裡醒來去洗手間，一看時間還不到凌晨兩點。她心想明天很重要，只有睡好了才能表現好。可她每次看手機，時間都只過去一小段。她說從沒覺得一個晚上這麼難熬。

睡姿換了一輪，綿羊數到一千，清晨鬧鐘響起時她居然有

點解脫，演了一晚上睡覺的戲，終於要殺青了。她起床後覺得口乾舌燥、眼睛痠疼、腦子混沌、情緒焦躁，因狀態欠佳而更加緊張。

果然，面試裡幾道不算難的問題，她答得吞吞吐吐，有一題甚至把題目理解偏了。表妹說，如果當時睡得好一點，說不定表現會好很多。我覺得表妹的理由很站得住腳。

很多人重視智商和情商，卻很少在意睡商。其實，睡商影響著智商和情商的發揮。

智商差不多的人狹路相逢，高情商者勝；情商差不多的人狹路再相逢，高睡商者勝。

一萬小時讓人從平庸到卓越，睡得好的人，第二天的心情、狀態、悟性和專注度都是開掛的。一萬小時定律看在你睡商高的面子上，也會酌情給你打個折，說不定八、九千個小時就夠了。

反之，睡商低的人，表面再風光，心裡也酸楚。我自己是個睡商低和高的階段都經歷過的人。

雖然大學時有過那種每根頭髮都睡不著的失眠歲月，但現在我是個晚上一沾枕頭就睡著，第二天早上五點多恰到好處地自然醒來的人。睡商低開高走，別說體質改善不少，我連整個人都積極快樂得多。

以我的經驗來看，睡商是可以培養的。

1・睡商高的人，睡眠前和睡眠後都有過人之處

我們難以控制睡著後的狀態，只能在睡前和睡後做些助眠的小事。比如睡覺前一個小時內，洗個溫水澡而不是熱水澡，別想讓情緒起伏大的心事；關閉房間的主光源，少對著電視或電腦螢幕。人造光會射向我們的松果體，干擾褪黑激素的分泌，使人難以入睡。

別把手機帶上床這個道理，人人知道但做不到，手機像是長在手上似的，不給玩手機堪比被截肢般難受。如果你實在要用，至少設置成夜光模式，把色調調暖。

臨睡前擺個容易入眠的睡姿，睡眠專家推薦胎兒的側臥姿勢，膝蓋自然彎曲，手臂放在身前交疊，頸部、脊椎和臀部呈一條線，躺向相對不太重要的那側，像是右撇子向左睡。

最好養成規律起床的習慣，醒來後你可以曬曬太陽，做點早餐，遲點碰手機，循序漸進地讓大腦慢慢預熱起來。

2・睡商高的人，善於打造臥室和身體的睡眠環境

我每年春節回家都睡得特香，除了心安之外，發現那個臥室堪比理想樣本：沒有多餘的雜物，只有床、床頭櫃和衣櫃，空間清爽利落，窗簾厚實遮光，被單、枕套乾淨芬芳。這樣的臥室讓我睡醒有種充電七小時，活力一整天的感覺。

我有個睡眠淺的上司為了睡得好，開始著手改造臥室：把桌上型電腦和掛壁電視挪出臥室，床上用品每週一換，不在床

頭放暗示要喝水的水杯，不在臥室裡辦公、健身或看書，避免讓臥室淪為生活和工作的延伸空間。現在她身上的朝氣感愈來愈足了。

除了客觀環境，還有自身環境。我發現身邊睡商低的人群，與依賴咖啡的人群大面積重置。

我有個同事以前早上必須依靠咖啡將自己喚醒，現在改成早點起來洗個澡也妥妥的。而且她規定自己午後不碰咖啡，因為咖啡因的半衰期是六個小時，她的睡眠品質也有顯著進步。

3．睡商高的人，懂得擺脫八小時的睡眠心理魔咒

政壇的柴契爾夫人每晚只睡四個小時，網壇的費德勒每晚要睡十多個小時，睡眠時間因人而異。英國睡眠教練尼克‧力特赫斯所著的《世界第一的 R90 高效睡眠法》上說：「八小時其實是每晚的人均睡眠時間，一味追求八小時睡眠而產生巨大壓力，反而對我們的睡眠起了破壞性極強的反作用，讓我們無法獲得真正需要的睡眠時間。」

不要被沒睡足八小時嚇著，一個晚上並不會決定一切，人擔心時，身體會釋放出腎上腺素和皮質醇等壓力激素。書上還說：「如果能夠保證每週至少有四個晚上睡好，就沒問題了。」一天中還有其他時間補眠，比如午睡半小時，傍晚回家在車上打個盹。午睡能增強記憶，改善情緒。美國拿飛行員做了項研究：「二十六分鐘的日間小睡，能讓飛行員的表現提升百分之

三十四，靈敏度提高百分之五十四。」

　　有些女明星經常說自己通宵拍戲，但皮膚狀態也比普羅大眾好很多，除了基因太賞飯吃之外，我發現她們在片場或車上，都有見縫插針地睡覺的好本領。

　　睡商高的人都是幸福的，睡商低的人各有各的不幸：

　　睡商低的人，晚上睡不好，白天覺得累，反應龜速，想法消極；要麼沒精打采，讓人一靠近就犯睏；要麼暴躁易怒，讓人動不動就躺著中槍。而睡商高的人，晚上睡覺時眼睛一閉一睜，一覺就過去了；第二天起來，容光煥發、思路敏捷、眼神放電、走路帶風。

　　這個世界在獎勵睡商高的人。所以，別讓將來的你，懲罰現在睡商低的自己，從今天開始，做個睡商高的人吧。

如何高效能地讀一本書，
並不擇手段地內化為知識儲備

　　我看了本不錯的書，會拍下書籍封面發上微博。之前我還猶豫會不會顯得太做作了，直到有愈來愈多的讀者給我正面反饋，比如把我推薦的書加入購物車，看過此書的有緣人來品評一番，有人鬧書荒直接讓我介紹……這些都讓我更加樂意分享書。

　　有一天我收到一個讀者的問題：「你讀完一本書，能記得幾成內容？」她說她自己看書時本來就沒吸收多少，還會遺忘不少。一想到看的內容遲早會忘，她就不想再看了。

　　沒錯，記憶會隨時間而衰退。就算當年考前背到滾瓜爛熟的課文，如今我們也幾乎上繳給了老師。但像我這種貪心的讀者覺得，看書也是要花時間的，閱後即忘多心疼？我不僅要在單位時間裡提高對書中內容的吸收率，還想讓這些讀書的所得長在自己身上。

以前我看書很快，一天看完一本書根本沒難度，但看得快，忘得也快。我還傻傻地自我安慰，「你以前吃過的食物變成了現在的骨骼和肌肉，讀書也是如此」，或者「胸藏文墨懷若谷，腹有詩書氣自華」。

我這兩年寫文章以後，面對引經據典時的蒼白，多次號啕：比「書到用時方恨少」更慘的是，「書到用時記不住」。

後來我開始嘗試能減緩記憶曲線下滑的讀書法。

我先發一則迷你的免責條款，這裡的書不是學術論文或專業教材等需要潛心研習的，不是陳舊雞湯或網路小說等適合打發時間的，也不是一些需要整個人沉浸進去達到忘我境界的高級小說，而是既讓普羅大眾能看懂，專家也不太能挑出錯來的泛知識類暢銷書籍。

我現在就恬不知恥地來分享一下，如何高效能地閱讀一本書，並不擇手段地將內容內化為自己的知識儲備：

1・看書就是與作者比辯論賽

蔡康永說過：「書不見得是歷史上最聰明的人寫的，卻是歷史上最愛思考的人寫的。」

愛思考的作者只是提供一個角度，同樣愛思考的你，如果把作者平等地視為類似《奇葩說》的選手那種有趣的辯友，這樣看完一本書的受益率將會猛增。

以我的經驗，如果我只是順著作者的敘述和思路，被動地

接受作者的想法和觀點，內容遺忘率很高。

講真的，缺乏互動性的閱讀效果非常不好。

後來我在看書過程中，內心會默默架起一個辯論擂臺，遇到作者是「我方辯友」時，便會加快閱讀速度；遇到他是「對方辯友」時，我會找相反的論據來駁斥他。

這樣幾個回合下來，我不僅不會覺得枯燥，反而因為有了一種參與感而對內容更加難忘。

2·過目不忘的人都是記筆記的好手

聽說錢鍾書讀書過目不忘，我覺得有這麼神奇嗎？後來我才知道，他讀書愛做筆記，單外文筆記就有二百一十一本，中文筆記就有一萬五千頁。

我自己的筆記大法是：如果是自己買的書，邊看邊在上面畫重點、做批注、寫聯想；如果是借來的書，邊看邊在我的隨讀筆記上字跡凌亂地寫思維導圖、結論推導、金句的關鍵詞和所在頁，然後分類整理筆記。我名下有許多筆記本：比如保養乾貨本（食療區、運動區、美容區等）、自我提升乾貨本（職場區、心理區、技能區等）、金句本（名人軼事、名人名言、好詞好句等）⋯⋯

我會結合書上畫的重點或者隨讀筆記，把內容分流，然後沒事就翻一翻。

我不是一個工具狂，但對紙本筆記而言，難以檢索是硬

傷。後來我進一步精選出筆記精華形成電子筆記,照樣沒事就翻一翻。

所謂的過目不忘,就是多過幾遍目。

3 · 看完全書後對照目錄溫習一遍

我要吐血推薦一個抗遺忘的良方:看完全書後,翻回目錄那一頁,回想一遍主要內容。框架、邏輯、主線,這類抽象名詞,在這個環節中最容易浮現出來。

我現在如果覺得這本書對我有用,或者我很感興趣,看完書後會順著目錄來一次只對自己有交代的「模擬考試」。

比如拿我手頭上這本《高效能家庭的七個習慣》來說,三十八萬字,我斷斷續續地看了一個多星期,說實話,看著後面的內容,忘記前面的。

看完全書,我回到目錄,按照順序開始梳理:分別是哪七個習慣、這些習慣的重要性、如何相互作用等。

我有時會複述一遍內容給自己聽,有時對照筆記回顧要點,這樣做能加深印象。

4 · 只有親身應用過的知識才是你的

我自己做了個統計,最讓我難忘的內容屬這三種情況:生活中實踐過並有反饋的內容 〉寫作時運用過的內容 〉跟朋友或

老公講過並討論過的內容。

　　你看，難忘是因為和你有交集。所以我經常不擇手段地創造機會，提高書中內容在我的生活中的出場率。

　　比如我看完書會寫一則短篇的讀後感或書評，跟著志同道合的朋友去參加書友會，心血來潮時借鑑書中的生活經驗，就算簡單發條微博都能強化記憶。

　　我不願和曾經相遇過的知識擦肩而過。當我做足上面這四點後，其實記不記得書裡的內容已經不再重要，因為那種感悟和思辨早已內化成我身體的一部分了。

真正改變人生的
是你度過週末的方式

每個週一的午餐後，我和幾個女同事都會聊聊週末是怎麼過的。

有同事說「我週六、週日都睡到中午才起床，感覺週休二日變成單休日」；有同事說「滑滑手機，看看綜藝，也沒做什麼，一個週末就過去了」；有同事說「在家躺平，躺得頭昏腦脹的，餓了點份外賣」；還有同事眼神空洞地回想半天，說「完全沒印象」。對這些回答，我心裡默默地按下快進鍵；輪到汀女神發言時，我的眼裡自動揮舞著螢光棒。

每當汀講起她週末那些有意思的所見所聞所感，都能減輕我週一的痛苦程度。

我認識她兩年多了。她週六上芭蕾課，週日上法語課。除此之外，昨天她說她和某法國留學生組織了一個法語角；上週一她說她參加了一場很有趣的同城讀書會；上上週一她說她在

家猛追美劇後感觸頗多，我現在還記得她當時又想深聊又怕劇透的矛盾心情。

單單截圖這個聊天場景，大家也不難猜到，誰是我們之中段位最高的人。

我曾經讀過日本作者大田正文所著的《休活》一書，什麼是「休活」，顧名思義就是週末休息日的活法。

作者是一家大型 IT 企業的職員。這位原先「沒有朋友」、「公司、家庭兩點一線」、「對未來隱約不安」的宅男，利用週六、週日的休息時間培養興趣愛好，拓展人脈關係，三年後變成主持各類學習會的達人。

在書中他自豪地晒成果，他主持過五個學習交流會，舉辦或參加過各類學習活動三百零二次，每年與一千多人溝通交流。

生活更加繽紛、內心更加豐饒的大田正文，成了「休活」生活方式的代言人和倡導者。

以前我聽過一種說法，每晚利用好八、九點鐘的人，日復一日，能和別人拉開距離。但我更認同，一個人度過週末的方式，決定了與別人之間的段位差。

因為我平時下班到家已經挺晚挺累了，可能還得做飯、洗碗、泡腳、洗澡、和老公聊聊今天過得如何、打電話給遠方的爸媽、偶爾處理工作上的雜事、我的潔癖老公每天拖地隔天除

蟲時我也得搭把手……忙東忙西，忙完我一看時間，十點左右了。

我寫了〈每晚十一點前睡覺的人生，做到就是賺到〉，所以得早睡不能打臉；我寫了〈每天五點起床的人生，我真的賺翻了〉，所謂的賺翻了其實也就是走個量，每天早起一個半小時，五個工作日加起來才七個半小時，還不如從週末拿出一天來。

很多人有同感，工作日過得超慢，休息日卻轉瞬即逝。其實，休息日將近占了一年的三分之一。

拿二〇一六年來說：週休二天 × 二〇一六年有五十二個週末 ＋ 二〇一六年有十一天的法定假日 ＝ 一百一十五天（精確統計是一百一十六天）。

所以，你若想在人群中更有辨識度，別老是死盯著晚上的八、九點鐘了，時間完整性更強的休息日比你想像中重要得多。

在我身邊，我見過很多透過優化度過週末的方式，從而優化了整個人生的例子。

像我這點小事就別提了（其實也就是利用早起和週末的時間提升閱讀量，拓寬思考面），我的初心並不是要與別人拉開差距，而是要和以前的自己拉開差距，而且做自己喜歡做的事，本身就其樂無窮。

幾年前我還在深圳工作時，有段時間週末一有空就去深

圳博物館的改革開放展廳做講解員志工。有一天禮儀培訓結束後，老師安排一位資深女志工上臺做動員。當時我內心有點衝突，幹麼把好好的培訓摻入一股傳銷感？但頃刻間我就被徹底動員了。我記得那位阿姨說她離婚後痛苦不堪，抱著轉移注意力，讓自己保持充實的初衷參加了志工服務。

禮儀訓練讓她保持身姿挺拔，背誦臺詞讓她沒空胡思亂想，獨自帶團讓她精神高度集中，身邊志工的奉獻精神和微笑臉龐是她最好的悲傷稀釋劑。值得一提的是，她還在志工中找到她的另一半。她說每個週末讓她的生活愈來愈有光。

我以前看過一篇文章，文章作者因工作時間比較有彈性，要麼算上週五，要麼算上週一，加上週末兩天，DIY 成一個三天的小假期。她會從常住地乘飛機去航程兩小時範圍內的城市，比如北京、上海等城市去看演出、看畫展、看美景、看人文。豐富的週末生活滋養了她，讓她持續輸出優質內容。

我每次去理髮的工作室，店主週日都不開張，看他的朋友圈，才知道他練長跑去了。一下是杭州馬拉松的全馬成績有進步，一下又是大連馬拉松的半馬成績創新高，一下晒出六十多歲的大爺跑馬拉松的短影片，他是我朋友圈裡的勵志擔當。

還有一個男同事，經常跟我們吐槽登山的裝備費錢，但每次臨近週末要組團登山就興奮得像個男孩，皮膚愈來愈黑，身體愈來愈壯。現在的他與我們剛認識時那個瘦弱身形的樣子簡直判若兩人。

　　怎樣把週末過成一塊擦去整個星期的身累和心累的海綿？

　　有人週末準備食材煲一鍋好湯，好滋味、好營養溫暖了整個家；有人報名技能培訓課程週末去上課，見縫插針地強化自己的工具箱；有人離家比較近，週末開車去陪陪年邁的父母；有人策劃別出心裁的約會行程，給自己的妻兒一個別致的驚喜；有人週末作息規律、飲食正常、保持運動、親近自然，給身體進行高效能、完整的充電。

　　如果你每個週末都是毫無新意的流程——睡飽了就吃，吃飽了又睡；如果你週末點開朋友圈裡的小紅點，看到別人過得豐富有趣而自己百無聊賴，不妨把週末作為突圍平庸生活的突破口吧，去做自己真正感興趣的事，去獲得一種扶搖直上的歡欣。週末怎麼過，會慢慢改變你人生的質地。

千萬別小看一個又忙又美的女人

　　以前上班時，我的電腦故障，我著急要發一封郵件，徵得後桌副理的允許後，用她的電腦救急。我在操作空檔，無意間瞥見她的電腦旁貼著的彩色便條紙，上邊羅列著幾點獨家提醒：

1. 每逢整點，沒有緊急事項就去窗口瞭望遠處，舒緩眼睛。

2. 走廊上遇到有人抽菸要加速走過，不要慢吞吞地邊走邊吸二手菸。

3. 吃完午飯後，不要立馬坐下或睡覺，爭取站立或者散步十分鐘。

4. 減少不經意間摸臉的習慣，手指很髒，細菌帶到臉上容易長痘。

5. 看網頁、收郵件時用左手，忙的時候換回右手，抽空做些手部放鬆活動。

6. 不管什麼餿主意，切忌怒火攻心，先深呼吸再解決，保持開

心納入自我績效。

就在我用她的電腦時，她見縫插針地去窗口捧著水杯遠觀風景。我趁機環顧她的座位，迷你的加濕器緩緩冒著白霧，井然有序的桌上擺著多肉植物和仙人掌，電腦頁面上的字體大小和顏色設置讓眼睛舒服，握滑鼠的手自然而然地落入棉質滑鼠墊的溫柔鄉中。

這些小事對我的提醒和觸動很大，回想起來，在我與她共事的三年裡，她工作忙、指標多、壓力大，外加直屬上司喜怒無常，而她不但沒有因忙致醜，顏值、身材和狀態反而比初見時更好。

以前我覺得她三十歲後這麼忙還能這麼美，全靠基因賞飯吃，看到她的便條紙後，回想她的執行力和調節力，原來更賞飯吃的，是她那見縫插針的自律好習慣。

前幾個月，我工作超累。部門有人離職，他手上的工作無縫接軌地轉給了我。上班時各種業務撲面而來，下班時惡補新接手業務的知識盲點，還有幾次早上五點多就出門趕最早一班高鐵去外地，此外我誇下海口公眾號週更三篇也不能食言。

那段時間我頭腦裡的資訊密度再刷新高，在生活上便順勢自暴自棄，運動免了，暴飲暴食。不久後，我就發現自己的臉色有隔夜菜的味道，連五官的「公攤面積」都悄然變大。

　　有一次下班路上，我正好聽到喜馬拉雅 App 上王瀟在MOOC 學院的演講。

　　她回憶起那段忙碌的時期，上午在「趁早」開例會、盯管理、看成本；下午在「時尚 COSMO」開選題會、出席活動、看發行出版。

　　此外，她還得出國出差、跑馬拉松、寫作出書、陪女兒面試幼兒園等。

　　我邊聽邊覺得自己道行不夠。那麼多事項我聽著都頭大，但是人家在忙瘋的時候，暫停下來鑽研時間管理和精力管理，重新梳理自己的生活，結果不僅把事業和生活都平衡好了，還能每天堅持健身。

　　她微博上的照片，常在我的拇指和食指的指尖下放大，看她流光溢彩、神采飛揚的狀態，我心生感慨，又忙又美的人，真不是省油的燈。

　　那種在白忙之中能找到線頭，對眾多待辦事項能統籌兼顧，站在科學的角度進行自我管理的人，真讓人豎大拇指。

　　電影《女人不壞》裡有個片段，張雨綺質問老闆：「你到底是看中我的能力，還是美貌？」

　　她的老闆輕描淡寫地說了一句：「美貌就是你的能力。」

　　以前我還覺得這種觀點更適用於像公關、模特兒、演員等行業，但現在才發現，對我們這種離看臉的世界有距離的普通

白領，也漸漸適用。

　　某一次朋友小聚上，我聽一個做人力資源的朋友說，他們公司有兩個同期入職的女孩，學校都是重點以上、名校以下，工作都是爭分奪秒手腳並用，業績都是排名靠前、口碑很好，但公司空出一個升遷管道時，機會落到了那個比較好看的女生身上。

　　正當我們唏噓之際，她解釋說這也不是什麼潛規則，美貌就是職場的一種競爭力。

　　從事人力資源的女性友人接著說，其實兩個女生樣貌都中等，只是升職那位更愛打扮。就算不說更能代表公司形象，或出去談判成功率更高之類的話，你想想看，每天早上一個淡妝雅致的女同事跟你道聲「早上好」，也有美化心情的功效吧；每天穿著熨燙過的套裝來公司的人，別人一看就會覺得更專業吧。

　　有一次我到那位不愛打扮的女生的座位找她，當她抬頭看我，撓著腦袋的手還保持著抓頭的慣性，眼睛血絲密布，頭髮凌亂……看她的樣子，我總有種她不能從容上任的感覺。

　　一個人在工作中表達出來的精神面貌，是整個人精神面貌的一個支流。在忙碌中還能保持美麗和氣質的人，連職場路都順暢得多。

　　早就有研究指出，漂亮的人賺得更多。美國有項研究報告

指出，長相好、身材好的人，不僅薪水可能比普通人多，升遷的可能性也更大。

甚至有量化結論，胖女人比普通身材者平均要少領百分之十七的薪水，而身材高躱者，身高每高出一吋，薪水平均上漲百分之二到百分之六。一個能把手機和電腦的桌面都設置成護眼模式的人，與在 PPT 中把觀眾從眼到心照顧舒適的人，很可能是同一個；一個能管住口不吃垃圾零食的人，與管住口不說同事八卦的人，很可能是同一個；反之，一個胖得下巴上像掛著一塊千層餅、嘴唇乾燥得露出條碼般紋路的人，與工作上馬馬虎虎得過且過的人，很可能是同一個；一個對自己的外貌給別人什麼感覺不在乎的人，與對自己的工作給別人什麼感覺也不在乎的人很可能是同一個。

職場上那些好看的女孩，除了更自信、更受歡迎之外，也更加細緻、自律、得體。

千萬不能小看一個又忙又美的女人，因為這樣的女人不是一般有出息。

誰說精緻生活就不接地氣？

　　有時候，勸人精緻生活＝吃力不討好，因為對方很可能反過來給你扣上愛慕虛榮、罔顧現實、不接地氣的帽子。可我真心不認為只有把日子過得糙到塵埃裡才算得上真性情、接地氣。

　　人的耳朵像篩子，總是揀入耳的話來聽，因此諸如什麼沒精力、顧不上、工作忙、錢不夠等奇形怪狀的藉口，我壓根聽不進去，而以下內容是手持通行證，能直接走綠色通道，比如：

　　一戰時期，物資緊缺，女人們會把小腿塗上顏色，假裝自己穿著長筒絲襪；二戰期間，經濟低迷，巴黎女人會仔細盤算，從買麵包的錢裡摳出一個硬幣買一束花回家。

　　綜藝節目《爸爸去哪兒》中，曹格的太太在山裡做好飯後，出門摘幾片綠葉，捲起來做成一個雅致的筷子架；電影《亂世佳人》裡，郝思嘉不想一副窮酸樣地去問白瑞德借錢，扯下家裡的天鵝絨窗簾做了一件賞心悅目的裙子。

　　還有，大學我們寢室的一個女孩，發現路上掉落在地的花瓣或樹葉，如有骨骼清奇者就會順便拾回去，晾乾後做成書籤；小時候每逢期中、期末考試，我媽會在我的手腕上噴點香水，以致後來我居然盼望考試。

　　你看，熱愛生活、崇尚美好的女人們，就算面對戰亂、貧窮與瑣碎的事，依然懷揣著精緻生活的哲學，用品味、格調和蓬勃心態，發掘出許多小情趣和小確幸，將自己拽出暗井，把人生活出甜度。所以你這樣那樣反精緻的理由，無非是漫不經心地得過且過而已。而且我一向認為，人只有問心有愧才會去找藉口。

　　精緻生活智者見智，但我覺得愛乾淨是精緻生活的第一步。有一次我和健身夥伴相約去做體操。我順道在她家樓下候著，她說她很慢，叫我上樓去她家等。她本人是穿著入時、妝容得體的小美女，家裡卻亂得讓我連回憶都是負荷。

　　當看到她打開衣櫃門，狼狽地接住像雪球般滾出來的人堆衣服時，我心裡果斷移除原先贈她的「精緻美女」牌匾。我好想建議她用健身的時間整理一下屋子，不然就算練出一頭汗，排完一身毒，回家看到雜亂的衣山鞋海，煩悶情緒依舊撲面而來，塞滿身上的每個毛細孔。

　　亂室是沒有佳人的。

　　而亂世之下，也有佳人，孫儷主演的電視劇《小姨多鶴》裡，抗戰結束後滯留在中國東北的日本苦命女多鶴，是個在任

何糟糕環境下都能精緻地存活的女人。

　　讓我印象最深的是，儘管多鶴在條件艱苦、塵土飛揚的煤場工作，但她習慣性地把簡陋破敗的屋子打掃得乾淨整潔，家人在門外拍落灰塵後再進門，又黑又髒的絨毛皮鞋禁止入室，把水泥地擦得跟炕一樣潔淨，衣服上有溫馨的米漿香氣，還有刀切一般的熨燙褶痕。

　　真是哪裡都有生活家啊，我邊看邊感慨，精緻生活的女主角多鶴，是烏壓壓、慘兮兮的故事情節中的一枚發光體。

　　如果你有機會近距離觀察精緻女人的日常，請果斷珍惜並偷師學藝。

　　前段時間，我老公的親戚從其他城市來我們家做客。家裡有點住不下，為了給他們更多交流空間，我主動請纓去我的一位單身女同事家借住兩晚。這見世面的兩個晚上，足以讓我的生活觀產生八點二級大震動：

　　我們一進門，她脫下短靴穿上拖鞋後，便順手把立在踢腳線附近的兩個竹炭包塞進了靴子裡；她脫下外衣換上舒適的家居服後，用黏塵滾筒在羽絨衣上吸附羽毛和灰塵，然後拿衣架將羽絨衣掛好；晚上洗臉時，借用她的髮夾束髮，我納悶她的髮夾怎麼那麼好用，原來髮夾兩端用醫用膠布纏成了軟綿綿的圓柱體，避免戳疼自己或弄掉頭髮；她的梳妝桌上有一個弧形的筷子架，挖眼霜和面霜的大小兩根小棒搭在上面，卸妝前

先清洗小棒，然後放在架上晾乾，洗完臉再用它們來挖取保養品；她嫻熟地按比例分別稀釋觀花型和觀葉型植物的營養液，在我們閒聊的同時，依次給房間裡的花花草草澆水；我還意外地注意到她的護膚品底部貼著寫有開罐日期和過期日期的白色標籤，她說這是為了避免使用到過期產品，保存期已過還沒用完的乳液、面霜會拿去護理皮具……

她的精緻是面面俱到地照顧自己，不用名牌堆砌，沒有矯揉造作之感，全是由寵愛自己的小細節集結而成，精緻點滴與她的生活融為一體。

結婚以前，我一度很討厭「過日子」這三個敷衍對付、抹殺美好、終結浪漫的字眼，以為婚後的日子都是忙不完的家務事、做不盡的麻煩事，不把自己活得灰頭土臉、蓬頭垢面，都不好意思說自己嫁為人婦、為家奉獻。

而像我姑媽這款資深家庭主婦，用心地把日子過出了一種高級質感。每次我去她家吃飯，雅致的廚房已經快成為 5A 級景區了。

一個用完調味料的玻璃瓶洗淨裝水後，插上兩枝綠籮就是廚房一景；廚櫃角落的小陶罐裡盛著飄香的乾燥花，冰箱側壁上貼有字跡秀麗的手抄食譜和朋友寄來的明信片；吃完飯她會先搽點護手霜，播放著喜歡的音樂，戴上手套後哼著歌開始有條不紊地收碗洗碗；洗刷完畢她會端出一碟擺盤精美的水果

盤，幾樣伸手即食的水果錯落擺放，暗藏若干詩情畫意。

　　廚房乾淨順眼，人在低頭洗菜做飯時才能心情愉悅、面部舒展，若是面對油膩雜亂的場景，忍不住皺眉嘆氣是要長皺紋的。誰說家庭主婦的標配就是黃臉婆、粗指節和油煙氣味？我姑媽就是活體抗議橫幅。

　　話也說回來，壓力還真不是單靠味道馥鬱的薰香就能擺平的，心情也不是照搬時尚彩購的推薦清單就能保持愉悅，你的審美和用心，才是自己生活的總設計師和搬磚壯丁。

　　不否認很多人的生活被快節奏和焦躁感所控制，但我還是掩飾不住地欣賞那些懂得讓生活磨損最小化、填充能量最大化的人。

　　精緻不是來源於生活並高於生活，而是時刻穿插於生活之中，繼而內化成生活本身。

　　對抗粗鄙，唯有精緻，我們應該打好生活這份工。

你的身體比天蠍座更記仇

身體如果也有星座的話，那絕對是天蠍座 —— 你都想像不到身體有多記仇。

有一次我去日式指壓店做按摩，按摩師輕揉我的後腦勺，問我：「是不是會偏頭痛」；觸到第五節頸椎，問我：「是不是低頭族」；抓捏兩側的肩膀時，問我：「是不是單肩背包」；按壓肩胛骨時，問我：「是不是長期側睡」。

連續幾個問題讓我心頭一驚、冷汗涔涔。我多希望這些只是按摩師忽悠客戶辦卡的慣用話術，但心裡明白得很：我的身體的肌肉和骨骼早已出賣了我，把我平日裡的生活習慣和常態動作和盤托出。

這是多麼痛的領悟，當你更關注其他事物而忽略對身體的照顧時，你的身體遠比一個吃醋的戀人更小心眼，更愛吃醋，更加記仇，更會報復。

你吃飽飯後習慣窩在沙發裡，小肚子會不知不覺向外擴

張；整天注視著智慧螢幕，你的眼睛以及周圍會淪為歲月提詞器；嘴巴裡時刻塞著零食，保證讓你春節回家時能衣「緊」還鄉。

你的身體裡藏著一個難以察覺的電子眼，躲在暗處一筆一畫地記錄並存檔著你所有的違章和犯懶行為，等著時間一到算總帳。

放任身體的壞習慣，你還談什麼愛自己？

有本書的書名是《你的身體，是一切美好的開始》，其實背後的潛臺詞是：被你縱容忽視的身體，是所有不美好姿態的起點。

這點我感同身受：我連續晚睡後，左腦袋就會像有人拿著馬桶吸盤用力提拽著我；月經期間吃冰的東西，肚子裡就會像住著一臺處於高速甩乾模式的洗衣機。一副病軀，就算將全世界白白送給我，我也要不起啊。

記得每天喝八杯水，按時吃飯別打發胃，吃飽飯後散散步，別拖拉爭取早點睡，可這些知易行難的大道理非得等身體鬧情緒了才被人重視。

我畢業後成為拚命三娘，上班時神經緊繃，每天坐在電腦前的時間幾乎是睡眠時間的兩倍，經常在月臺上希望沒有錯過末班車。半年後，正當業績上升時，我生病咳出血來，可憐兮兮地去醫院又拍 X 光又打點滴又灌苦藥時，意識到心有餘而

體力不足是很慘的，壞身體承載不了好夢想。

我挺佩服我的一個合租室友，與相戀四年的學長分手後，第二天清晨照樣早起調製蜂蜜檸檬水喝，抱頭痛哭後約我去體育館打羽毛球，就算食欲不佳也沒有變成行走的餓死鬼。看著她那種失戀不失態的秩序感，我確信她有度一切苦厄的資本。

我還有個號稱「愛自己」的女性友人習慣性大手大腳地消費，然後再熬夜兼職把錢賺回來，還美其名曰：「將來的你一定會感激現在拚命的你。」拜託，將來的你只會感激現在努力但沒傷到身體的你。

在我看來，照顧好自己的身體，永遠是愛自己的最低配置。

肉身的失守，始於意志的潰敗。

女神是吃兩口就飽了，你是飽了還再吃兩口；女神是不鍛鍊就不舒服，你是想到鍛鍊就不舒服。冰凍三尺非一日之寒，脂肪三層非一日之饞，也非一日之懶，你身上的每寸肥肉和每項「三高」，背後有你忍不住去夾菜的筷子、邁不開去流汗的步子，這些都是對意志的願賭服輸。

而反觀那些迷人的女明星，比你天生麗質的人還比你勵志。瑪麗蓮・夢露每天早晨平躺在地板上，手舉五磅的重物在空中畫圈畫到疲累，持之以恆以保持身材；李冰冰在節目裡被好友爆料，她在家看電視或與人聊天時，都見縫插針地做身體訓練；孫儷被詢問身材管理術時回答，早晨刷牙時會不由自主

地將腿搭在洗手臺上，邊刷牙邊壓腿。

你從小看她們的戲長大，你的孩子也將看她們的戲長大。她們都老了吧？不，只有你——那個意志力和執行力都潰不成軍的你老了。

在保持身材上臨時抱佛腳不管用，三天打魚兩天晒網沒效果，只有建立在良好習慣上保持的身材，才能可持續地挑戰地心引力。

所謂的好身材，都是平時的好習慣的高度概括。記住，一旦你懶上心頭，醜就會上眉頭。

身體會記仇，更會感恩。

有句老生常談的話是：「保持健康美麗是女人一輩子的事業，話糙理不糙。」拚事業你總得拿出點職人精神吧。

我們公司有一個年紀「滿五十減十五」的大姊，把匠心精神融入了工作和保養這兩份事業當中。她對待自己的身體絲毫不打馬虎眼的態度，在眾多過早放棄自己的中年婦女間，格外有辨別度。

她洗完手後，會用自帶的柔滑小方巾輕輕吸乾手上的水分；午間熱飯，除了主食外她還特意帶來洗淨的生菜用開水汆燙後即食；小抽屜裡，功能各異的花草茶和乾堅果瓶子擺得整齊便於按需補充；外出訪客，出發前提前半個小時去洗手間裡補塗防晒霜。

　　她在養護身體時，流露出一種職人精神，即不得過且過、不心浮氣躁、不趨附潮流，注重細節地精益求精，循序漸進地進化自身，談不上用力過猛或走火入魔，只是有點別人認為不太必要的執著和堅持，淬鍊心性，自我養成，最終被時光判緩刑。

　　你的身體像極了天蠍座般恩怨分明，被冷落的身體比天蠍座更記仇，勢必睚眥必報；被呵護的身體比天蠍座更感恩，自當湧泉相報。

　　世界那麼大，我想去看看；家人那麼好，我想陪他們老；商場那麼貴，我想去消費；升職那麼棒，我想當老闆。可沒有好身體，我說什麼都是多餘的。

從來沒有「女神突變」這一說

闊別四年的同學會上，最令我驚喜的發現，就是曾經其貌不揚的同寢室女生把身上「土肥圓」的氣質洗刷乾淨了，以自信與優雅取而代之，身上彷彿總有束追光燈緊追著她不放。老同學們腦袋裡排列著一串萬萬想不到的驚嘆號和問號，她怎麼突然變成金光閃閃的女神了？

在我看來，哪有什麼突然變得熠熠生輝的女神？基因突變我見得多了，「女神突變」還真沒見過。

基因突變發生在一瞬間，「女神突變」卻要經過時間打磨，根本不像電視劇裡一句「若干年以後」的過場詞，就能把劇中角色掙扎煎熬的歲月一筆帶過。

聚會晚宴上，我倆互為鄰桌，我看著她熟練地用筷子把糖醋魚上的勾芡刮掉後，再送入嘴中慢慢咀嚼；晚上住酒店，我倆同住一間房，我發現她在與我話當年的同時，仍不忘做幾組動作標準的伏地挺身。

　　第二天早上我醒來時，發現她坐在露臺的椅子上，專注地捧著一本書在翻閱。我的回憶穿越到我們大一初次相見的那天，印象中那時的她臉色蠟黃，個子不高，四肢粗壯得不合比例。

　　整個大學期間，她持續地與自己體貌特徵上的短板鬥智鬥勇：幾乎每晚都去操場慢跑一小時，颱風下雨的壞天氣就改拿呼啦圈到樓道轉角處去搖，去超市購物從來不買高度加工過的膨化食品，白天出門時像個行走的帳篷般做足防晒。

　　我記得大二下學期開學歸校，她聽別人推薦買了一個增高產品，每晚睡前擦拭專門的藥水並配合按摩，然後綁上一個類似護膝的工具。她經過分析覺得可行後，開始雷打不動地堅持，冬天光著膝蓋冒著寒冷耐心揉捏，每晚忍著腿上捆有異物的不適感入睡，每次去操場跑完步都要原地跳好久。

　　我們每個月都會幫她量身高，在宿舍門上貼好標記鼓勵她。一年下來，她貌似長高了 0.1 公分吧，其實這法子未必有效，可她的堅持讓我敬佩。

　　在以前我們大學相處的每一天裡，她都在演繹什麼叫做「不積跬步無以變美」。我確實感覺到她的皮膚愈來愈緊緻，身材愈來愈勻稱，氣質愈來愈出眾。

　　在畢業四年後的這場同學聚會中，她集中展現了量變引起質變的神奇力量。她那肉眼可見的優化升級似乎讓她平日裡的方法論和執行力呼之欲出。

　　女神的養成技術哪家強？天道酬勤幫你忙。

　　放慢女神閉關修練期間的每一幀畫面你會發現，每個畫面都如同晶瑩的琥珀一樣，將她們那些為了變美麗而忌食的美食、為了變緊緻而堅持的運動、為了變聰明而閱讀的好書、為了變幹練而忍過的酸楚統統凝固了下來，這樣的女人最容易買通時間給她們做假證。

　　我們公司前段時間有場案例演講會，代表部門出戰的是剛來不久的小美女。她在臺上表現得大方從容，講述內容來源於工作更高於工作，以清晰的邏輯完美回答了幾位經理差點把人繞進去的陷阱問題。

　　事後我狠狠誇她能說會道、發揮出色，她說她以前的辯論經歷對這次演講很有幫助。她大學時就代表自己系上和其他系進行比賽了。賽前都會翻閱資料、搜索數據、釐清論據，對著鏡子多次演練，斟酌措詞和攻防力道，正反兩方的立場要兼顧，像玩左右互搏術一樣自我推翻、自我圓場、自我重建，每次辯論完都像脫一層皮，身體和精神在死去活來中涅槃。

　　她還說自己以前專門總結了一本很厚的辯論筆記，比如：手勢板塊，在講深奧理論時，手臂微曲，緩緩前推，彷彿增壓機一樣，把觀點灌輸給別人；案例板塊，分析舉例常見的偷換概念、延展定義、因果倒置等典型實例，以及歸納相應的破解之道；金句板塊，注重平日累積，學術知識和綜藝新哏都要信

手拈來，讓自己的發言嚴謹博學又不失趣味性；話術板塊，研究怎樣的說話方式、停頓和語氣容易讓自己的觀點更有說服力，更加打動人。

我心裡暗生敬意。我輕描淡寫的那句「能說會道、發揮出色」，是她博覽了多少群書、閱研了多少論文、思辨了多少現象、深究了多少戰術，才形成的知識儲備、邏輯思維和敘述層次？臺上這短短的一分鐘，臺下她不知用了多少功。

瑪麗蓮・夢露的經典形象少不了她私底下的探索與堅持。剛模特兒出道的她察覺金髮女郎更受青睞，試了十六次才把頭髮顏色調對，此後再也不換。她發現把右腳鞋子的高跟削去1/4吋（英制長度單位，1 吋為 2.54 厘米），會讓步態更顯扭捏，臀部會更翹。此外，她還看了很多深刻的書籍。

如果你也想給未來的自己一個閃亮出場的機會，諸如一場頂尖的考試、一次精彩的亮相、一場完美的演出，「從來沒有突變的女神」這句話會給你希望和力量。

內外兼修從來不是一句空洞的口號，落實到現實生活中，需要每個「知易行難的好習慣」的累積、「關關難過關關過」的毅力。

我們在詫異別人突然變好的時候，多去想一想引起這質變背後的無數量變，複製別人每個小小的量變，終有一天，我們

也會實現自我期待——外表定格時光，內心野蠻生長。

高效能職場女如何見縫插針地變美

之前有個讀者給我發來私訊，說她新跳槽的公司「雖然工作忙，但是薪水高」，上了兩個月的班，卻發現增加的薪水根本不能彌補她的顏值降低的痛。她問我，面對工作量和顏值的此消彼長，到底有沒有平衡之道？

說到保養的道與術，很多人覺得這是上班之外的事，但其實工作至少占了一天中三分之一的時間，如果我們能巧妙利用好，那就太賺了。

很多人說工作讓人都忙翻了，確實擠不出時間來。我見過太多女同事灰頭土臉地埋怨工作量龐大。

但有人埋怨完就完了，而另一部分人埋怨完，會想方設法地做些對身體有益的細小補救措施。

分水嶺從這裡開始，前者順勢滑下因忙致醜的深淵，後者聚沙成塔地撿回散落的得分，假以時日，後者在包括膚質、髮質、身材等健康的外顯方面，都狠狠甩前者幾條街。

　　我綜合身邊榜樣的力量，結合自己的心得，來說說在辦公室這個特定場合裡，職場女如何見縫插針地提升健康與皮囊？

1 · 打一場持久的眼睛保衛戰

　　我之所以格外強調眼睛，一是近期我的近視度數大增到五百度，驗光師耳提面命地警告我要愛眼護眼；二是有個同事長期盯著電腦的眼睛長水泡，醫師說是淋巴管阻塞，熱敷沒效就得手術。

　　我們身處一個離不開螢幕的時代，對眼睛的護養是重中之重的。我們不看螢幕不可能，但注意用眼健康倒是很可行的。

　　把手機和電腦的桌面都設置成護眼模式，把 Office 軟體調成豆沙綠背景，找到機會趕緊看遠看近鍛鍊眼睛，這是人人知道的簡單小習慣，但多被視若無睹地忽視掉。

　　有個做自由職業的朋友安裝了個電腦護眼軟體，設置成每半小時黑屏一分鐘，提醒自己該看看遠處的風景。

　　因我的工作性質，這個辦法對我不太適用。但我也可以刻意養成四十來分鐘就活動眼睛的習慣，接電話或網頁加載慢時，不著急就閉目養一下神。

　　一個人的老態，最先是從眼睛及其周圍傳達出來的，心靈之窗值得我們溫柔以待。

　　我身邊很多女生在工作中眼睛脹痛、痠澀就會用手背搓眼睛。有一次我搓眼被一個姊姊提醒：「平時塗眼霜時手法輕柔、

力道得當，現在揉眼睛這麼粗暴狂野，對得起眼霜嗎？」

後來再有眼睛不適，我都暗示自己忍住不揉，實在乾癢難耐，就用指腹輕輕按壓。

2・提高在辦公室裡的「吃商」

同樣是忙到吃飯很趕，也有人點份葷素搭配合理的清淡套餐，而不是吃泡麵；同樣是忙到快要餓扁了，也有人吃紅棗夾核桃或扁桃仁，而不是吃油炸薯片。

大家看一個女同事貌不貌美，可以看她帶什麼樣的零食。

我覺得常自備水果和優酪乳的同事通常滿漂亮的。我還見過一個皮膚超好的女生喝的優酪乳是自己在家發酵的。

你看，好膚質果然是獎勵給有心人的。

某位很顯年輕的阿姨級的同事，我從來沒見她喝碳酸飲料、加工果汁和提神咖啡，一般喝白開水，有時加維生素 C 發泡錠或破壁山藥飲或花茶或綠茶。

還有我早上經常看到在同樓層的婀娜美女，幾乎每天都會在茶水間清洗不用削皮的水果，藍莓、冬棗、蘋果、葡萄等，洗完還要拿溫水泡一下。

有一次我們集體煩躁地加班，頭兒在樓下的便利店裡買了一大包零食上來犒勞大家，在我隨手抓起巧克力拯救不開心的情緒的同時，另一個女生東挑西選著那些卡路里較少的健康食物。

看到這一幕的我放慢了咀嚼速度。是啊，工作虐我千百遍是職場共識，可我為了發洩情緒吃的甜食和膨化食品，真的能拯救我的不開心情緒嗎？

3‧工作忙不代表你醜你有理

很多上班族工作時一門心思全放在業務上，指標高、壓力大、加班多，回到家又晚又累，根本不想也沒時間運動，可是人的身體真的不會因為情有可原就放人一馬。

有一次我和眾姊妹聊到加班太多沒空運動保養的難題，不少美女紛紛獻計。

女性友人 A 所在的公司占了兩層辦公室。她經常需要在兩層樓之間穿梭，幾乎不坐電梯，而且每次爬樓都盡量跨兩級樓梯。

女性友人 B 是做廣告文案的，用她的話說，每天上班都在謀殺腦細胞。她說每次缺靈感時就躲在格子間裡，邊想文案邊用牛角梳梳頭，沒事還會按摩一下腳部三陰交這個穴位。

女性友人 C 是銀行櫃員，連離開座位的時間都少得可憐。但她會利用每次叫號等客戶的短暫時間，雙腿離地做幾組交叉動作。她還死摳坐姿，提醒我們背部貼住椅背，腰椎挺直，肩膀放鬆。她說如果背部沒倚靠，容易駝背，加上腹部肌肉縮在一起，久了容易堆積出小腹贅肉。她還補充她難得去一次廁所，在走廊一邊走路還要一邊轉動眼珠、活動頸椎、伸展四

肢。

　　我聽的時候心裡一陣感動。工作時血液集中在腦部，但她們硬給身體加戲，盡最大努力讓身體的血液循環變好。

　　別覺得蒼蠅腿的肉就不是肉，五十步和一百步真的是有差距的。她們在忙碌中創造機會改良身體的樣子，特別迷人。

醒來覺得甚是愛自己

民國時期的「甜嘴小標兵」朱生豪有句情話「醒來覺得甚是愛你」，不知攻陷了多少女人的耳根和心窩。一覺醒來確定你深愛他或他深愛你，無疑會讓人覺得自己被甜蜜幸福包圍著，但我這裡有一句更加浪漫的話——「醒來覺得甚是愛自己。」

王爾德說過：「愛自己是終生浪漫的開始。」早上甦醒時就愛自己，那真是我能想到的最浪漫的事。

作為一名醒得早且起得早的資深「晨型人」，我深刻體會到早上過得好不好，直接決定了一整天的生活品質。

我對早起的人有收藏癖以便膜拜，據說貝多芬早起創作音樂前，一粒一粒地慢慢數六十顆咖啡豆研磨並煮開；村上春樹寫長篇小說時，基本上四點左右起床，吃完點心立刻開始工作，絕對不拖拉。

而我們早上起來，「甚是不愛自己」的感覺是怎麼產生

的？拉開窗簾，空氣品質不好，能見度低，整座城市看上去像機場的吸菸區，扣十分；湊近鏡子，毛孔肆虐，氣色不好，禁不起細看的素顏像塊玄武岩，扣二十分；細捋思緒，待辦事項排山倒海而來，一想到就頭皮發麻倒抽一口涼氣，扣三十分；反思人生，匆匆忙忙，碌碌無為，距離夢想還差十萬八千里，扣四十分。這個屬次級品的早上能重「起」嗎？

我長期保持早上五點左右自然醒，晚上平均十點半入睡，累的時候九點多也睡過，而且睡眠品質奇好，屬於頭碰枕頭就能睡著，外面颱風下雨幾乎不會醒，白天神采奕奕。

經過摸索歸納，我發現醒來就愛自己的情形主要有兩種：

1·可預見自己能合理利用好早起的時光

從我的早起數據庫裡調出一個最具代表性的樣品來看，工作日五點起床到七點出門，中間這兩個小時我過得很有品質。

起床洗漱完畢後，我會到陽臺領取今日的空氣品質和溫度濕度的試用包，如果滿意，會在陽臺上做些伸展鍛鍊、呼吸吐納的動作，欣賞著陽光下的城市愈來愈清晰明亮；如不達標，我就在房間裡鋪塊墊子練習瑜伽，感受著靜謐中的自己愈來愈安靜祥和。結束鍛鍊後，我會灌溉綠植，熬煮五穀粥，給自己沖泡一杯手作的蜂蜜檸檬水或者花茶。

接下來的一個半小時是我早間的重頭戲，有時會打開書籍靜心閱讀，彌補一生只能活一次的遺憾；有時開啟電腦寫篇文

章，釐清思緒試圖表達自己；有時完成加急加量的工作任務，使得業績結果更加可控。時間總在不知不覺中溜走，直到出門鬧鐘催我去上班，我還意猶未盡，戀戀不捨。

這時的我處於一個訊息隔離的狀態。手機不再是長在手上的終端器官，我逃脫到一個只屬自己的私人領地，看我愛看的書，寫我想說的話，圓滿地為自己策劃了一場約會。

這段輸入或輸出的兩個小時，讓我獲得一種扶搖直上的歡欣感，讓我接下來的二十二個小時過得體面從容。

2‧醒來時想到我鍾愛的事情等我去寵幸

我做證，「叫醒自己的不是鬧鐘，而是夢想」沒有多難以企及，甚至有像我這樣，為了喜歡的事情連鬧鐘都不用就能自然醒的。

同一個人在不同階段，熱愛的事物會發展變化，我對看書寫字的愛好可以追溯到初中階段。我曾撕下教材的封皮套在金庸小說外面看得津津有味，被爸媽逮到罰去面壁；迷到不行的電視劇播完，不滿意故事結局，也曾自己發揮想像續寫小說；看到喜歡的句子忍不住地背誦，寫完的日記本加起來也可算著作等身。

別人跟我講我不感興趣的東西時，我是啞巴，是「特困生」，是初次端菜進包廂被顧客刁難到尷尬臉紅的走菜小妹；與我說令我著迷的作品或作家時，我是話癆，是機關槍，是一

點都不會累還能再興奮三天三夜的聒噪大師。愛好一旦附體，我就會變成一個大力士。

於是當有自媒體平臺或者出版公司幫我實現夢想時，連我的生理時鐘都在鼓勵支持我。最近我覺得我醒得更早了，醒來後興致勃勃地構思文章，想到一個好的比喻或想法就興高采烈地起身下床。說實話，我熱戀著這麼生機勃勃的自己。

世界上最美好的事情，是去看一天是如何度過的。

所以，如果你早睡早起、精力充沛，並能妥善處理好你的身體狀況；你在為你喜歡的事物努力，而且目標給你階段性的回饋時；有值得期待的新體驗，讓人迫不及待摩拳擦掌地想去實現，那你真的會由衷體悟到什麼叫「醒來覺得甚是愛自己」。

醒於清晨的脈動中，我甚是愛心中夢想不滅，以及朝著夢想每天積百步的自己。

第三章

你必須精力飽滿，才禁得住世事刁難

二十多歲，
是一個女人最差的年齡

今天我看到一個女孩更新了這樣一則朋友圈：

「二十多歲，男人通常還處於起步階段，是一生中的最低點；而此時，女人處於一生中最好的時候。一個女人若甘心把最好的時間給最差的你，你為什麼不知道珍惜？」

一個人發的朋友圈，透露了這個人的生活狀態和三觀。

如果不是單純缺愛發牢騷的話，我斗膽猜測該女孩要麼是感情不順，年輕男友無法滿足她的物質或情感需求，心裡夾雜著優越感和吃虧感；要麼是三觀不對，潛意識裡認為女人的價值取決定於她的年輕貌美和子宮活力，而男人的價值取決於他的社會地位和資源占比。

這則朋友圈還真是勾起了我強烈的辯論欲：

首先，年齡沒有鄙視鏈，女人用心生活的每一天，不都是一生中最好的年華嗎？

其次，男人的青春同樣珍貴，意氣風發、心懷遠大的青年才俊，自帶魅力模式好嗎？

最後，你憑什麼說二十多歲是女人一生中最好的階段？難道你已經把女人的人生看成一個開口向下的拋物線走向，二十多歲是拋物線的頂點，再往後就會陷入深不見底的溝渠？

年紀輕輕的人，說什麼喪氣話？

上上個月我和老公休年假，沒有去探索未知的領域，而是去杭州和深圳故地重遊，見見大學同學，會會前任同事。

我那位後來在杭州發展的大學同學，讀書的時候過得很是艱難。她的家人有慢性病，全家人省吃儉用地攢醫藥費，她又是個特別倔強的女生，沒有申請學校的紓困補助，說自己肯定不是最慘的那個，而且也不願讓人同情。

她常從食堂買五毛錢的米飯，回宿舍就著老乾媽辣醬吃，平時打各種工，期末拿獎學金。

我記得她大一時還在校門口的一家包子店打過工。她那陣子每天很早就出去，有早課的情況，老闆同意她早點收工。如果零星幾個學生來買包子還好，她拿不鏽鋼的食品夾夾住包子裝在袋子裡就行；臨近上課時學生蜂擁而至的情況下，她得把袋子反過來套在手上，直接去抓包子，手常被燙得通紅。

後來她發過傳單，當過家教，開過網店，聯繫過同城包車，從義烏進貨擺過攤……不僅自己搞定學費和生活費，每月

還能寄錢回家。

　　她畢業後就職的公司待遇可喜，她與新婚老公的感情和睦，買的房也大漲不少，現在整個人的狀態從裡好到外。

　　我們帶著暖色調的濾鏡聊著大學那些人和事，說到動情處，我感慨說真想重返大學，再進一次班級，再做一次實驗，再吃一次食堂的飯菜。

　　她搖頭說，除非允許她帶上後來賺到的存款和經驗，否則她一點都不想重返二十歲。

　　她繼續解釋，自己的二十多歲，從某種角度上說，是她迄今為止過得最差最苦的幾年，感覺每天都在為生活狼狽掙扎，好在現在每年都愈過愈好。

　　我又去深圳見了因工作結識的好友。

　　我們笑著說起當年工作中受了委屈，躲到樓道裡默默哭泣；笑著說起看著 SEPHORA（絲芙蘭，化妝品品牌）裡那些暫時買不起的瓶瓶罐罐的東西，然後握握拳黯然走過；笑著說起被不可靠的男友提分手後，回家連哭幾個星期。

　　我時常納悶，二十多歲怎麼就成為我們一生中最好的年齡了？那時的我們又窮又傻又迷茫又沒經驗，買不起好用的化妝品，買不起好看的衣服和包包，去不了想去的地方旅遊，搞不定業務上的複雜困局，看不清身邊的感情真偽。

　　而經過幾年的打拚和沉澱，我們基本上過了購物先翻標

籤、點餐先看價格的時期，經濟更獨立，事業更成熟，走過低谷，也小嘗輝煌，心境、氣質和格局早已不可同日而語。

有人懷疑現在女人最好的時光是不是從二十歲後移到了三十歲？不是。

我以前有位四十多歲的女主管，有一次聚餐時我倆相鄰而坐。她看著那時剛畢業的我，感慨年輕真好。我隨口說跟她交換，她條件反射地搖頭說不換。

對呀，拚搏過，試錯過，活得那麼認真才換來那麼通透明朗的自己，誰捨得換啊？

西蒙‧波娃說過：「男人的極大幸運在於他不論在成年還是小時候，必須踏上一條極為艱苦的道路，不過這是一條最可靠的道路；女人的不幸則在於被幾乎不可抗拒的誘惑包圍著，她不被要求奮發向上，只被鼓勵滑下去到達極樂世界。當她發覺自己被海市蜃樓愚弄時，為時太晚，她的力量在失敗的冒險中已被耗盡。」在我看來，一個女人的二十多歲，正是集中被西蒙‧波娃所說的誘惑所包圍的時期。

我永遠忘不了，我臨近畢業在寧波求職時，住過大學生公寓。二、三十個人住一間三室一廳的房子，我們四個女生同住一間房，我下鋪的女生居然為了省下房租和伙食，選擇與房東苟且。

我觀察四周，發現那些不學無術、無所事事、以色侍人的

女生，仗著二十多歲是自己最好的年齡，值得被男人捧在手心裡，值得被主管原諒錯誤，任何名牌都值得擁有，任何享樂都理所應當，大多數把日子愈過愈差。

尤其是那些把「青春就是本錢」誤解為「青春的身體就是本錢」的女孩、消費欲望遠超賺錢能力的女孩，真正把二十多歲過成了她們人生中最好的階段，因為以後都要為今天的錯誤付出代價，成了漫長人生中的後悔藥長期服用者。

而對那些在二十多歲時身在苦中不知苦，不斷解鎖人生新技能，不斷強化打怪的工具箱，一路踏實打拚，一路走上坡路的女人來說，就算以後階段性地被歲月沒收掉一些膠原蛋白，她們也漸漸深諳如何與人相處並與己自處。智力、財力、能力等綜合得分不斷提升，讓她們以後的人生，一年比一年好。

反正我是聽不慣「二十多歲是女人一生中最好的歲月」這種詛咒話。

我的年齡觀始終是：用心生活的每一天，都是一生中最好的年華。但如果一定要在年齡前面加上什麼「最好」、「最差」的字眼，我寧願二十多歲是一個女人最差的年齡，也萬萬不願這是一個女人最好的年齡。

女人到底怎樣投資自己才有前途

　　我與新同事一起逛商場時，我倆先在護膚品專櫃前駐足，後來她試用彩妝的時候我看著，我挑選書籍的時候她等著。

　　我挑好書排隊結帳時，推薦了兩本自己覺得受益匪淺的書給這位小美女。她翻過來看了價格後搖頭說：「好貴，不買。」

　　我納悶，這本書三十九元八毛人民幣，那本三十六元，加起來才是她剛才買的那盒嬌蘭六色眼影盤價格的十分之一。她有錢買化妝品，怎麼沒錢買書？

　　她彷彿聽到我心中的疑問，解釋說：「就是因為剛剛花在彩妝上的錢太多，現在才要省吃儉用。不過女孩子嘛，捨不得鈔票，套不住美貌，投資自己就得大手筆。」

　　我想起網路上有人說過：「女人要多賺錢，就算不用養家，也得養著聖羅蘭的唇膏、香奈兒的眼影……」我感覺這比養家的負擔重多了，畢竟都是上市公司。但對我而言，除了養著保養品公司之外，還得供養各家出版社、發行商和實體書店。我

很怕書商們日子過得緊撐不下去，會讓我的精神世界變得貧瘠。

雖說好看的女人自帶燒錢體質，但是女人真的不能只為好看而燒錢。

上個月，有個女生把臉湊得離我很近，問：「看得出我做了開眼尾手術嗎？」

我心想，就她這款能在非口誤的情況下，把「奧黛麗‧赫本」說成「澳大利亞‧赫本」的人，眼睛需不需要開眼角我不知道，但她的知識面和思維方式太需要擴展了。

她是擅長把嘴賤當幽默的話題終結者，我很想建議她去喜馬拉雅上充值，跟著奇葩說團隊學《好好說話》；她總會小肚雞腸地猜別人看不起她，我很想建議她每月撥出旅行經費，去見識風土人情以開闊心胸；她對別人感興趣的新話題總會習慣性地潑冷水，我很想建議她付費參加線上線下的精品課程感受樂趣。

憑我對她的了解，她幾乎把該買書、該旅行、該培訓的錢全部省了下來，用來買各種各樣的高檔化妝品和輕奢包、靴、帽。

我很想勸上一句：沒錯，女人愛美，這是普世價值觀，但你不能只把錢和精力投在皮囊方面啊。

在一個貌似看臉的時代裡，有人認為「我美，說什麼都

對」，怎麼可能？不然 NASA（美國國家航空總署）的員工全招選美小姐算了；有人覺得「我美，就是人生贏家」，怎麼可能？抓了基因好牌的絕色美女過得一塌糊塗的新聞也不少。

我還見過有些女人投資自己的方式膚淺又短視：要麼無視自己的擴容和成長，把希望寄託在男人或孩子身上；要麼不顧自己的能力和潛力，以自我投資的名義沉迷在消費或享樂中無法自拔。

自己是最好的投資標的，我覺得女人這樣投資自己才不會虧：除了皮囊變美之外，把金錢、時間和精力投入到知識體系、專業技能、氣韻氣質、眼界格局的培養中，重視自身的擴容和成長，挖掘內在的能力和潛力，讓投資持續產生複利，成為發揚光大版的自己。

說到我身邊既有前瞻性又明智地投資自己的女人，共性是都有雙遠光燈般的眼睛，能把自己經營得肉身可愛、靈魂可貴。

從她們身上，我學到三點寶貴的投資經驗：

1・每養成一個好習慣都是融到資

我認識的某位高齡產婦，生完孩子後恢復得極快極好，一經打聽，她從高中起就堅持每週至少游泳兩次。

我阿姨常年早睡，三餐規律，笑口常開，快四十歲的人了，據說她的年度體檢單最後一頁的醫師建議那欄幾乎是空白

的。

我老公的外婆，每天晚上都會泡腳梳頭，眼裡還有孩童般的好奇。已過八十高齡的她，一個人照樣健步如飛地到處旅遊。

每養成一個好習慣，再用時間來保持，你會抽到手氣最佳的人生紅包。

2‧尤其要追求精神領域裡的名牌

我見過不少女孩口紅要奢華大牌，面霜要明星御用，包包要限量新款，但對自己的性格、學識和教養，退而求其次。

馮唐說過：「如果我只能追求一種名牌，一定追求教育上的名牌。」我深以為然。就算畢業了，我們也要盡力獲取優質的自我教育資源。在經濟允許範圍內，適度追求物質名牌無可厚非，但除此之外，我們更要追求書中陳述的名牌觀點、身邊牛人的名牌特質，然後耳濡目染地把自己打造成行走的名牌。

3‧要做顏值時代的最強大腦

我媽的同事的女兒小我一歲。以前她在浙江讀大學期間，每個假期回家，大家都感慨江南的水土太養人了，因為她的皮膚愈來愈白皙水嫩。

我聽她媽說，她大二時自學經濟知識，把獎學金和打工賺的錢拿去買股票，那一年是二〇〇七年，股市把她後兩年的學

費都給報銷了。

　　還有我很欣賞的一位文案高手，她在我心中就是唐詩宋詞的代言人。去年「雙十一」，我們幾個好友在群裡晒出購物車，她那添加了好幾套精裝書籍的購物車，顯得格外與眾不同。

　　她曾有則朋友圈被我截圖保存：「買支口紅，口才也得跟得上；買支眉筆，文筆也不能掉鏈子；買瓶精華液，書中的精華更得完全吸收。」

　　最美港姐李嘉欣，就算談著戀愛，就算拍戲繁忙，還從英國的大學裡找教授教她學習英文。除了粵語和上海話，她還會說英語、葡萄牙語、義大利語、日語等語言，此外還會品酒、畫畫以及心理學方面的知識。

　　你看，比你漂亮的人還比你好學，天之道，哪裡在損有餘而補不足啊？

　　總之，女人投資自己時要謹記，除了淡化皮膚表面的紋路，還得增加大腦皮層的迴路。

男不強大女難容

作家六六的新作劇名是：《女不強大天不容》，字面翻譯過來就是：女人不強大，天理不容。那男人要是不強大呢？為女人所難容也。

男友失業，我要不要分手？

最近一個女網友私訊問我，男友失業三個多月了，她要不要分手？由於她提供的訊息少而片面，我也無從作答。

但我想到了在我一位女性朋友身上發生的事。她和男友從大學軍訓時開始談戀愛，畢業以後女性朋友考進了事業單位，男友進入民企當儲備幹部。兩個人意氣風發，感情堅固。

可是敗給現實的愛情故事老套得令人唏噓。女性朋友工作出色順風順水，她男友諸事倒楣、飽經風霜。最終在她男友再一次黯然失業時，女性朋友果斷提出了分手。

幾個互相認識的朋友談起他倆的事，多少覺得女性朋友有些現實。可我知道內幕，她提分手的原因是她男友既不安貧樂

道，又不思進取。我聽女性朋友暗流湧動地講起過曾經：她男友看別的女人背個好包，說人家虛榮矯情；看別的女人事業進步，說人家靠人上位；看別的女人嫁得好，說人家嫌貧愛富。她男友像是故意在她面前說這些給她打預防針。她看著男友對美好事物狹隘歪曲時那張扭曲陰暗的臉，內心哀嚎當年那個陽光帥哥去哪裡了？

分手後，我這個女性朋友過了兩年才重新談戀愛。談婚論嫁期間，她未婚夫因拒絕被外派索性辭職。在他失業期間，兩人的婚禮如期舉行。

我知道她老公婚後求職不太順利，但每次看到她，都見她毫無懼色，坦蕩自在。有一次我實在按捺不住地問她：「老公失業，你就真的不著急嗎？」

她說真不著急，她老公很強大。見我一臉狐疑地等著她娓娓道來，她說她本身事業平順，正因為目睹她老公在低潮時如何自處，更是義無反顧地結婚。

婚前她那失業的老公曾跟她說過，由於自己在事業上升期突然離職，做個管理職位有些費勁，找個新手工作有點不甘，求職期間如有波折，請多擔待。

他照樣像上班時那樣按時起床，邊聽英語新聞邊做早餐，把找工作當成工作本身，有合適的面試機會出去應徵，沒有就在家研究行業動向、投遞工作履歷，累了還會拿出習字帖練字或者下樓跑步。有一天她下班到家迎接她的是一大桌好菜，她

老公戲稱「要留住一個女人，就得留住她的胃」。

她沒聽到他抱怨現實，沒看到他姿態頹喪，沒見到他妄自菲薄，甚至經常生出錯覺，他彷彿不是失業，而是一名自由且自律的自由工作者。聽她講完這些，我才真正放下心來。

我不知道這種「曲線救國」的回答能不能解答開頭的女網友問我的那個問題。

女強男弱，夫妻真會過不下去？

傳統觀點認為男強女弱、男主外女主內、男人賺錢養家、女人貌美如花的相處模式最穩定，可社會分工的發展造就了種種女強男弱的異象。我倒覺得這是我們女人經歷過的最好的時代，但還有一群女人在那裡矯情。舊秩序已經被打破，新格局尚未形成，女人都在摸著石頭過河，可是男人不也是這樣嗎？

雙方強或不強，僅從帳面收入或社會地位來衡量，那多侷促與狹隘？男人的強大未必是永遠英明決斷、毫無破綻，而是長期不卑不亢、不憂不懼。我就特別看重男人遭遇困境能從容應對，保留情趣，執著進步。

男人偶爾失業暫處頹勢也萬萬談不上吃軟飯，退一萬步講，就連吃軟飯的男人中也有強大的。洪晃顛覆地說完「安心吃軟飯的男人都是大人物」，李銀河馬上跟帖：「看到洪晃說有本事的人才吃軟飯，說得很精彩，李安就是讓老婆養著，王小波在很長一段時間靠我養著。對沒本事的男人來說，被人說

吃軟飯是最大的打擊，只有有本事的男人才有底氣被養起來。小波跟我說過，巴爾札克也是總有貴婦養的，證明很多出色的文學家、藝術家都這樣。」

洪晃也好，林惠嘉也好，李銀河也好，都在男人不得志的時候陪伴過他們。對那些說她們有眼力、慧眼識潛力股的說詞，我相信她們是真看上了他們的才華和堅持，甚至真沒盼著他們日後多有出息，不然洪晃不會說出那句「我看了他（陳凱歌）導演的《黃土地》之後，就覺得太棒了，完全像一首詩」；林惠嘉不會說出那句「無聊的話，你（李安）找件事做，不一定要是賺錢的事」；李銀河也不會說出那句「我對別的男孩了解後就不喜歡，他們沒有意思，很快就見了底，可你（王小波）不，因為你的心底有一個泉，它永不枯竭」。

在她們眼中，沒有投資報酬率，沒有四兩撥千斤，只是在自身完全自信的底色上，能拋開世俗成見去品味才華，能用審美的眼光去挑選男人。

強大的女人真是不得了，容不容男人是她們說了算，而且連男人強不強都由她們來定義。

我要把最好的情緒，
留給最愛的人

　　我有段時間工作很忙，行程很趕，壓力很大，繃得整個人錚錚作響。

　　白天上班時，我習慣性地將原始情緒經過美化處理後再輸出示人；下班回到家，我終於可以解放天性做自己了。

　　當時的我像座下水管道被阻塞的城市，一場小雨就能水漫金山。老公的一句話說得不得我心，或是父母在電話裡嘮叨幾句，我就會來一場無中生有、小題大做的焦炙，常將情緒翻倍回覆家人。我以為的批評，實際上是發怒；我以為的溝通，實際上是挑釁。對待父母我還能稍微克制，跟我的老公說話時，語調陰陽怪氣，怒點屢創新低。

　　再一次加班加到很晚，回到家我整個人都累攤了。老公給我遞杯茶，我依舊連連抱怨自己在工作中的憤怒與委屈。我媽給我打電話，一聽說我加班到這麼晚才回家，又心疼又著急地

勸我，錢沒必要賺太多，身體最重要之類的。不知被哪句話徹底引爆，我語氣差得像個肇事司機，頂了幾句嘴就不耐煩地掛斷了電話。

我的老公平時很包容我，那天也忍不住了，嚴肅地說：「你把好臉色和高情商用來招待外人，把沒耐心和壞脾氣用來虐待家人。」

他醍醐灌頂的一番話讓我覺得自己真沒出息。老公體諒包容我，爸媽寵愛心疼我，是因為我在他們心中是軟肋啊，現在我卻變成攻擊他們的刀劍。

人好像從嬰兒時期就是這樣，對陌生人規矩老實不敢造次，對照顧自己的人就哭鬧折騰又打又抓。可能對熟悉的人更有安全感，但是長大後的我們已經不再是嬰兒，別拿著沒有安全感的蹩腳理由來傷害在乎自己的人。

從那天起，我開始高度重視在家裡的情緒問題。

我一直覺得，壞情緒止於智者，這點對女人來說尤為重要。你看生活中，倒楣的女人抱怨愛人在她遭遇磨難時無情地離她而去；你再看訪談裡，順遂的女人感謝家人在她艱難時給予鼓勵支持。為什麼前者慘遭離棄，後者卻被愛包圍？原因當然是多重的，但當事人對家人的情緒表達方式是重要分水嶺。

我有個女性友人向我敘述過她曾在半年裡事業、愛情、友情、健康四大皆空的慘狀。向她安慰打氣之餘，我引導她找尋

真正原因，她最後歸因於情緒問題。

　　她那時是個新入銀行的櫃員，業務繁雜，面笑心苦，沒空上廁所；年假被占用，指標一直漲。每天下班回家後她連話都懶得講，與男友的關係日漸緊張。終於有一天，她不小心把傳票遞給客戶，為拿回那張本該留存的票據，幾經周折去到客戶家拿，回家後心情崩潰，因雞毛小事與男友吵到當場分手。

　　後來挺長時間裡她易怒易躁，又與好朋友吵翻，身體也被心情牽連，心裡覺得被整個世界遺棄了。

　　我的女性友人遇到的問題，未必是遭到挫折同時襲擊，而是在壞情緒這條導火索的牽引下沿途各站順次爆炸，可見心裡的糾葛會透過人際關係呈現出來。

　　我想起《超級訪問》的女主持人李靜，有一次她笑談創業時的困難，忙得連眨眼的工夫都沒有，連著軸地開選題會，到處找電視臺推銷自己的節目，喝酒應酬後吐完又開策劃會。

　　她說當時屢遭資金欠缺、團隊建設、節目改版等難題，沉重的巨石壓於心頭時，無以疏解，會放聲大哭，一直哭到家門口，抹乾眼淚，沒事人一樣走進家門。

　　世界花式滑冰冠軍「冰上蝴蝶」陳露的某段採訪片段，讓我感觸很深。她說有段時期，傷痛的折磨、與教練的矛盾，讓她深陷低谷。那年大年三十晚上她趕回家，在大雪中等了兩個小時都沒叫到車，後來好不容易坐上一輛車，上車後就忍不住地哭，登機後眼淚還在不停地流。然而在飛機快降落的一瞬

間，她立刻不哭了，說：「我要以一個笑臉迎接家人。」

　　經歷人在窘途的一程，以及人在窘境的一年，或許是她見到家人心感喜悅，或許不捨得讓父母感到壓力，選擇把最好的情緒留給最親最愛的人。

　　人人都會有壞情緒，也需要發洩，可是這個爛皮球踢給誰都不好。

　　踢給陌生路人，你會有素質低下、修養不佳的口碑評價；踢給朋友、同事，你會有難以相處、處處碰壁的人際關係；踢給老公、親人，你會有紛爭不斷、烏雲籠罩的家庭氛圍；只能踢給自己了，你這生著悶氣、咄咄逼己的打開方式，早晚把自己折騰出一種家不和萬事不興的體質。

　　我發現像我這樣的獨生女＋急性子＋要強狂，簡直就是最受壞情緒青睞的宿主。這些年，我在與壞情緒鬥智鬥勇中，總結出以下兩句話：

　　其實自己辛苦賺錢，不就是想讓全家生活更好嗎？

　　我要想方設法地對壞情緒節能減排，要把最好的情緒留給最愛的人。

你眼中的大齡，
是我心中的「達令」

　　二十九歲的女性友人宣布了一個決定：她要考研究所！當場把聚會變成一個關於「大齡考研，到底值不值得」的辯論現場。反方辯友人多勢眾，在她們看來，明年就三十歲的人了，不趕緊忙著相親結婚而去考研，簡直是在不負責任地兒戲人生。

　　我就納悶了，是不是別人手上發了一份「黃道吉年」的年曆，在涉及結婚嫁娶、生兒育女等重大事項時，必須擇吉年而從之，以求得天時氣運的助力，近福遠禍，趨吉避害？

　　女人三十歲這年的年曆上是不是統統寫著「宜結婚」、「宜生娃」而「忌考研」、「忌單身」的字樣？

　　我沒收到過這樣的年曆，可能上天看不慣誰，才會把這本年曆發給誰，讓其忽略自身的喜好和意志，參考別人眼中的活法標準，拉齊自己的進度表。

　　我勢單力薄地站在女性友人這邊：不管是相親結婚，還是複習考研，明年都是三十歲，只要認清自己所愛所需，沒在逃避現狀，也能承擔風險，想做什麼事就去做，管人家多少歲呢？

　　我受不了別人總是拿年齡說事。

　　「女孩子讀什麼研究所？研究生畢業都快三十歲了，工作和男友都不好找。」難道此人沒見過學業、事業、愛情三豐收的多彩女博士嗎？「女人的黃金年齡就這麼短短幾年，趁著年輕多打扮，不然以後會遺憾的。」難道此人沒見過七、八十歲還穿著華服笑傲伸展臺的美麗超模嗎？「要麼就離婚要趁早，要麼就打死都不離，大齡離婚女人再拖兒帶女，很難找到下家了。」難道此人沒過和前夫爭完孩子的撫養權後走入二婚懷孕生子的幸福女明星嗎？

　　區區年齡，怎能成為標記女人一生當中所有起承轉合的唯一標準？

　　我一直感覺，我們的社會對大齡女人很不友好。

　　「女人三十豆腐渣」的順口溜家喻戶曉，「女人的青春很短暫」的俗語也口口相傳。

　　更生氣的是電影《再見！不聯絡》中的那句臺詞：「十年並不是很長，但如果剛好是從十八歲到二十八歲，那就代表一輩子了。」

　　這都什麼情況？二十八歲就可以代表一個人的一輩子？

　　社會上的大多數對女人的人生時刻表有這樣的期待，務必要利用好二十三至二十七歲的黃金時段。二十三歲大學畢業，找份穩定的工作，事業不用拔尖，找個大自己幾歲且車房兼備的男士，談戀愛談個一兩年後成婚，二十七歲之前生個孩子，這樣的女人讓人挑不出錯來。如果老公很會掙錢，或孩子很會學習，那麼這樣的女人就能讓人豎起大拇指了。

　　「到什麼年齡就該做什麼樣的事」或許能過得安穩幸福，但是那些「想做什麼事，不是由她處於什麼年齡所決定」的女人更加值得尊重和支持。

　　青春飯總會被吃盡，哪個人不是向老而生？既然留不住狹義的青春，你不如多想想怎樣拓寬廣義的青春。

　　有人說年紀大了轉行太難，可是摩西奶奶七十七歲才開始學畫畫，八十歲才辦畫展。她說：「人生永遠沒有太晚的開始。」

　　有人說趁著年輕要多經歷些事，可是有的老人年紀大了照樣還在體驗人生，我甚至見過一群老人和孫子一起玩滑板、玩搖滾。蔡瀾說：「老了依然可以談談未來。」

　　女人年紀大了也不意味著就與美麗絕緣。人們照樣尊稱現在的林青霞為女神，照樣被現在的鍾楚紅迷得魂飛魄散，照樣認為現在的劉嘉玲比年輕時更有魅力。

　　女人年紀大了也不意味著沒有愛情相伴。林心如四十歲才結婚；六十三歲的婚紗女王也可以和二十七歲的花式滑冰冠軍

談戀愛；日本詩人柴田豐，在九十二歲時才開始寫詩，還寫下了「就算九十歲也要談戀愛」的名句。

女人年紀大了也不耽誤問鼎世界級獎項。加拿大女作家艾莉絲‧孟若在八十二歲時獲得諾貝爾文學獎；中國女科學家屠呦呦八十五歲時獲得諾貝爾生理學或醫學獎；英國女作家多麗絲‧萊辛在八十八歲時獲得諾貝爾文學獎。

人們一方面期待女人到了什麼年齡做什麼事，但又歌頌或羨慕那些拒絕被年齡定義或束縛的可愛女人。其實她們的精彩之處恰恰在於：永遠在體驗，永遠在創造，永遠滿懷激情地按著內心的腳本走，永遠沒把年齡當作參考值。

沒有人有資格壓縮女人的青春，女人也不必被「什麼年齡做什麼事」綁架。只要是有心人，不管年紀多大，都不耽誤活出自己的美好。而那些仗著年齡倚老賣老，或未老先衰的人，對生活不再好奇，對世界不再熱情，懶得觀察和感知世界，不去思考和體驗，那才是一種可悲的老去。

歌手彭佳慧有首歌曲的名字叫做〈大齡女子〉，在談及創作背景時說：「雖然我一直強調說『大齡女子』，但不一定跟年紀有關，因為『大齡』還有『Darling（親愛的）』的意思。」

我不由分說地愛上了這個解釋，在別人眼中大不大齡又能怎樣？在生理層面上大不大齡又能怎樣？反正在自己心中是永遠的 Darling，我要去做親愛的事，愛親愛的人，追親愛的夢。

我愛你，我太應該有一點長進了

「因為認識了你，我太應該有一點長進了」，每次我讀到王小波給李銀河的這句情話，心裡就感動到一塌糊塗，並想起我們大學班級裡的一對情侶。

我讀大四時，聽說我們學校和北歐的某高校簽訂了合作協議，我們班的那對情侶心動了，畢竟那是女生的夢想國度裡面的心儀院校。

女生做夢都想報考那所學校，她的專業分數和英語成績都能輕鬆過關，可是早把英語丟一邊的男友英語爛成渣。雖說那個有自己官方語言的國家只需雅思分數高於 5.5 分就行，但這對她男友來說還是太難了，尤其是在時間不到半年的情況下。

但她男友真是讓我們全班人刮目相看。據說他走路練聽力，吃飯背單詞，報名輔導班，熬夜斬真題。我去圖書館自習室幾乎都能看到他倆在學習。他倆考雅思時是帶著全班人的祝福上考場的。

女生第一次考試就高分通過，男生意料之中地沒過。女生做好了男友再考一次考不過就不留學的決心，男友更是拚命複習，抓住了最後一次機會。我像見證了一次微型奇蹟，原來青春片裡學渣為了心愛的女孩變成學霸的橋段沒在瞎編。

慶功宴上，同學們紛紛誇男生太給力了。微醺中的男生說了一句話：「因為想和她在一起，我太應該有所長進了。」那一刻起哄聲不絕於耳。

後來他倆一起出國了。我以前在他們的人人網上就看到他倆情人節在艾菲爾鐵塔下擁抱，節假日拿著打工賺的錢去歐洲到處遊覽，現在朋友圈早已變成回國後的一家三口的美滿生活展示。

每次我看到因為愛一個人而倒逼自己有所長進的故事，心裡就感覺踏實而喜悅。

其實後來我看王小波和李銀河的往來情書，王小波寫信給李銀河「因為認識了你，我太應該有一點兒長進了」；而李銀河也回應王小波「我還常常想，為了你我想變美一些」。

楊絳先生的語錄和故事總會包攬我的全額點擊率。她曾經這樣說過：「我做過各種工作——大學教授，中學校長兼高中三年級的英語老師，為闊小姐補習功課，還是喜劇、散文及短篇小說作者等。但每項工作都是暫時的，只有一件事終身不改，我一生是錢鍾書生命中的楊絳。」

假如換成一個為家庭、為男人、為孩子疏於事業乃至捨棄自己的主婦，套用「只有一件事終身不改，我一生是某某人的妻子」的句型，我的情緒鐵定往負數那邊一路狂奔而去。

倒不是我雙重標準，只因為楊絳先生是世間什麼工作都能做到發光的楊絳啊！集作家、戲劇家、翻譯家於一身，通曉英語、法語、西班牙語，翻譯出被公認為最優秀版本的《堂吉訶德》，創作出稱霸舞臺六十多年的劇本《稱心如意》，九十二歲出版風靡海內外的散文隨筆《我們仨》，九十六歲出版哲理散文集《走到人生邊上》，還出版了二百五十萬字的《楊絳文集》八卷。

楊絳先生親身演繹了好的愛情能夠相互促進，滋養愛情和經營自己並不衝突，寵溺愛人與深愛自己並不矛盾。甚至為了保存錢鍾書那點「天真、淘氣和痴氣」不被壓迫和損傷，她也承認耗去她不少心力和體力，感到人生實苦，但自始至終沒有放棄自己去愛別人。

從此處我看到一種殊途同歸的高品質愛情：為了你，我成了更好的自己，我要拿更好的自己去愛你。

若要選這世間最令人心酸的歌詞，我把選票投給李宗盛寫下的那句「我對你仍有愛意，我對自己無能為力」。

我是接受不了這些說詞的。有些人打著「我愛你」的旗號，所以我沒有安全感、小心眼、暴脾氣，對你大呼小叫只是

為了引起你的注意；我翻你的手機紀錄只是怕留不住你，對你
情緒失控只是因為愛你愛到發瘋，無視自己只是希望有更多的
時間來照顧你。

在我看來，這些是典型的以愛別人為藉口來逃離自己的
人生的行為。既然你愛別人，就想方設法地呈現一個更好的自
己。把一個已經喪失愛好與熱情，情緒擦槍走火，內心忐忑心
生猜忌的自己交給他人，這完全就是「我為你變成這副德行，
好歹你都得接收」的情緒勒索。

你可曾想過，如果自己是一棵人肉搖錢樹，老公就可以別
再那麼辛苦地工作了；如果自己熱愛生活而傳播快樂，老公接
收到後也會獲得愉悅心情；如果自己堅強起來學著解決人生困
境，老公一旦陷入低谷，自己還有能力前去扶持。

多數時候，放棄自我成長的人等於放棄關係本身，但凡拿
著破罐破摔版的自己去愛別人的行為，都是耍流氓。在一段關
係中，不有所長進的人就不足以表達「我愛你」。

我愛你，就拿出更好的我去愛你，希望你也拿出更好的你
來愛我，這種陪伴才是最有誠意的告白。

不想過壞日子，因為時間不允許

今天我堅持看完了一本爛書，為此嚴重地生了個悶氣。我最後悔的是自己早知那是爛書，為何不棄書？

我想起被冠名為「最精湛純粹的讀者」的哈羅德·布魯姆的一句話：「我快七十歲了，不想讀壞東西如同不想過壞日子，因為時間不允許。」

我喜歡布魯姆這個經典文學的鐵桿粉絲，在他看來，結實的老家具尚能作為古董流傳，糟糕的文學作品則不會在時間裡留下任何痕跡。

他還為自己的書《西方正典》做了高質感的「行銷」：知識水準和審美力的培養或許沒有捷徑，此書提供了一份經過篩選的菜單，人生有限，讀書時間更有限，何不首先去讀那些經過了檢驗的書？

讀一本壞書籍，你不僅浪費看書本身所花的時間，還需花費額外的時間來恢復心情；過一天壞日子，不僅虛度了當天屈

指可數的二十四小時，未來的某天自己可能還得花費時間來悔不當初。

不遭遇壞日子不太可能，你卻是可以選擇不讀壞東西的。

對壞事物不能麻木寬容。

以前有部惡俗的賀歲電影陷入「網友吐槽─導演喊話─全民惡搞」的熱烈程序中，當時我打算為了吐槽積累素材，特意邀三姊和表妹去觀影。三姊抵制不去，還反過來教育我：「要看就看好電影，不知情的情況下踩到雷不可避免，可明知是爛片還去看，也太不把自己的時間當回事了吧？大家都懷著這種『看看電影到底有多爛』的惡質好奇心去拉高票房，以後發現商機的從業者會不會都以生產劣質電影為己任？」

後來我表妹和其同學去看賀歲片，回來後捶胸頓足地大呼上當，而我跟三姊在家看了一部她推薦的文藝電影，暗自慶幸自己避雷成功，猛誇三姊的選片品味。

三姊得意之際吐露祕訣：「只挑那些導演沉寂多年為磨一劍的片子。」創作者的時間就是最大的誠意，三姊如此選片，極少出錯。

對壞事物不能麻木寬容，如果我觀看低俗電影，同一時段就含恨錯過好片；如果我攝取垃圾食物，肚量有限就容納不下健康食品；如果我使用粗劣東西，意味著將無緣結識凝聚匠心的器具。我趁機以小見大地發了個實名毒誓：從今以後，我要

盡可能少讀沒有營養的粗糙文字，少看消磨心智的垃圾節目，少買拉低審美品味的生活用品，因為這些會積累成糟糕的一天，日子過得糟，時間會心疼。

我們應該只接受承受範圍內最好的事物，因為不被美好款待，就被劣質虐待。

和損耗你的情緒的人保持距離。

我大學時曾單方面決定對某室友漸行漸遠，因為她全天制地在生產負能量的工作坊裡值班，讓我與她共處同一寢室的大四時光黯淡如敗絮。

我們寢室有個女孩那年去校外租房，和我同系不同班的她因與原寢室同學不和，申請轉來我們寢室。我和她屬自來熟性格，可隨著相處時間增加，我覺得自己的情緒日益低落。

不知她是因畢業季憂慮，還是本身性格就消極，臉上總是抹著烏雲製成的粉底，嘴巴經常塗著惡語做出的唇膏，渾身愁雲慘淡的氣質直逼丹田。

我並非看到同學負能量纏身就果斷遠離的人，還曾不自量力地想讓她快樂開朗些。

踏入食堂，她習慣性地嫌棄菜色難吃賣相不好，我說：「畢業後你會懷念的」，她聽完瞪大眼睛誇張地搖頭；投遞履歷，她對石沉大海的現狀頹喪不已，我把履歷製作指南發給她，她說 HR 只用幾秒鐘看她沒經驗就轉向他人；我邀她

跑步，怎麼跟她說跑步讓人產生多巴胺她都拒絕，還說我不幹正事沒有緊迫感；我去自習，她又陰陽怪氣地嘲諷我的無效用功，還附帶一些學習無用論的喪氣話。

我當時道行不夠，有情緒時常被她帶到溝裡去，後來覺得食堂的飯菜飄散著她的惡評；我投的履歷沒回覆時，想到她的話更感氣餒；我跑步時，她的嘴臉在我腦中時隱時現；我看書時，忍不住咀嚼她的冷嘲熱諷。

我的心又不是露天倉庫，哪能裝下她無止境的垃圾情緒？於是我刻意與她保持距離。我去外地實習後，接觸到許多上進開朗的年輕人，心情指數隨之水漲船高。

時間是守恆的，你過了一段灰暗的日子，就錯失了本可以明亮的生活。

攢下時間去過好日子。

我的同事圈裡有個高效媽媽，簡直就是一臺行走的多重任務處理器，我從她身上學到很多高效能人士的御用習慣。

工作上，她從不拖延，操作辦公軟體動作俐落得像男生打遊戲，上班不掛即時通信軟體，跟她說事只能打電話速戰速決——她常說「延」與「誤」永遠連在一起。

消費上，她理性花錢，用於自我投資和豐富生活的錢毫不手軟，但買東西買錯兩次以上便會自我問責。她極力避免著既浪費錢又浪費時間的行為，說金錢是花時間賺來的，所以說到底是對時間的深度浪費。

我偶爾瞥見她的高效能生活就自嘆弗如。點餐完畢，她在等上菜的時間裡，已經用手機完成了當月的水電費繳費；午休時分，她會抽空打開關於女兒的家長群，和常駐家長會成員交流一番；嚼舌根嘉年華，她不是巧妙地干預話題方向，就是豎起隱形金鐘罩去忙她的正事。

有一次閒談中，她說用泡沫洗手液能把發泡的時間省下來時，我滿頭黑線地問她：「這麼把一秒鐘掰成兩秒花不累嗎？」她先反問我：「誰說會高效工作的人不會高效休閒呢？」接著她再正面回答，「我們力求高效能還不是為了攢下時間去做自己喜歡做的事？」

的確如此，她簡直成功實現了工作時「別在最能吃苦的時間選擇享樂」模式與休閒時「別在最能享樂的時間選擇吃苦」模式的自由切換。

當看到她在朋友圈裡晒出她學茶道、練書法、跑馬拉松等的照片時，當收到她親自做的手工香皂和自製唇膏時，當聽到她告訴我她每天最享受的事情是滿懷童心地給寶貝女兒講睡前故事時，我知道她在該做的事情上把一秒鐘掰成兩秒花，正是為了在想做的事情上把兩秒合併成一秒花。

不管你現在多少歲，能不過壞日子就盡量矯健躲避，因為時間不允許。每個選擇都會讓時間分叉，但願你不要讓自己的時間誤入歧途。

未經搏殺過的善良終究只是天真

期待已久的《芈月傳》，我哭著也要將它看完。雖說劇情和人設略顯隨意，但該劇還是給我很多啟發點，之一便是芈姝。

她簡直是格局小、愛妒忌、沒主見，更重要的是女媧能補天也補不了她的智商缺口，這種心智要挑起宮鬥劇的大反派重任實屬為難。

最近我和同事、朋友閒聊劇情，置頂的評價是：楚國公主芈姝心地善良，秦國王后芈姝心狠手辣。

可我不這麼認為，芈姝那種人不能被稱為善良，她前期糊裡糊塗的善良行為，不過是沒見過世面、未經過搏殺而已。

芈姝自小被威后保護成為溫室的一枝花，不禁風雨，難見磨難。身處高位的她可以真心對落難的芈月，可嫁入秦宮後，眼紅官方認證的霸星芈月贏得王寵、貴人相助、教子有方，芈姝過上了防守型的婚姻，整天臆想猜忌、患得患失，想要斬草

除根，痛失秦王愛，養育白眼兒狼，斷絕姊妹情，最終把一副好牌打得稀巴爛。

有種同情芈姝的對方辯友會怪芈月，說好的心有所屬不侍寢呢？說好的大仇得報就閃人呢？說好的初戀生還就私奔呢？她拉高期待值後卻給人落差感，誰受得了？但如果芈月不得寵，孩子不優秀，芈姝肯定會和芈月一直姊妹情深下去的。

很多人想不通芈月怎麼不為兒子爭太子之位，其實像芈月那種從小就失去至親、飽嘗屈辱的人，更知道最重要的是自己在乎的人過得平安快樂。她見過世態險惡，卻仍然不害人，可謂那種環境下的善良。

看著芈姝從不諳世事的小白兔變身成機關算盡的老巫婆，我內心還是很唏噓的。一部禁不起推敲的電視劇確實不至於讓我內心翻騰，而真正讓我感慨的是我覺得在現實生活中，類似芈姝的人還挺多的：先天一路順遂慣了，就受不了別人後來居上，見不得別人好，更見不得別人比自己好，把別人設想成為假想敵，憂慮心塞到頭痛。

我認識的一位漂亮女生，和男友相戀時經常耍性子、發脾氣。後來男友提出分手，她十分痛苦自責。當她看前男友的微博發現對方疑似有新戀情時，悲憤到難以自持，翻出假想情敵的微博照片給我們看，經常不解地問我們，她前男友怎麼會喜歡身材、相貌、條件都遠不如她的那個女人。

　　我老家的一位阿姨，歷來以自己女兒為驕傲，見人就得意地誇讚自己的女兒從小學習好、工作好、嫁得好。後來女婿有了外遇，小倆口離婚後，阿姨反過來看看原先一點都比不上自己女兒的女人們過得也不錯，見面打個招呼也陰陽怪氣的，長吁短嘆。只有講到別家女兒的困頓處境，她才稍微重拾舊日的優越感。

　　不能光說別人，我自己也有這種問題。我以前成績挺好的，但是高考沒考好，有段時間也很看不開，心想原先班級排名比我落後二十名的人高考分數都比我高。

　　過了一陣子我豁然開朗，憑什麼落後自己二十名的同學就應當永遠落後我二十名？王侯將相寧有種乎。別人可能在衝刺階段時迎頭趕上，可能在臨場表現時狀態更好。我只能怪自己沒考好，而不是別人考得好，自己整天心理陰暗地把別人的成功視為僥倖，幹麼和自己過不去？

　　其實像漂亮女生、老家阿姨和沒考好的我，都有點芋姝的性質，只是沒有以腥風血雨、張牙舞爪的形式體現出來，畢竟現實世界不是秦國後宮。但不管是內心不平和還是言行不友善，我們多少對別人的反超不甘心、不釋然，有幾句話與其寫給別人看的，不如說是說給自己聽的。

1 · 憤恨生氣最能瓦解一個女人的美

我的常駐偶像尼采有過這麼一句話：「沒有東西比憤恨情緒能更快地消耗一個人的精力。」

今年體檢結果出來，十之八九的女同事被查出乳腺增生。大家很鬱悶，想要的膠原蛋白不增生，乳腺跑出來搶什麼戲啊？醫師基本都囑咐，別生氣，要開心。

我們貌似有很多值得生氣的理由，看了爛片、被人誤會、一地雞毛的壞事都訛上我們，升職加薪、家庭和睦、中獎撞運的好事都避開我們，但只要想到生氣會使人頭疼腦熱、乳腺增生、長斑冒痘、法令紋加深，這些生氣的理由就統統站不住腳了。

你因為別人過得比你好而生氣煩悶，本身就因落差感不甘心，現在還得為生氣買單，這氣生得太不值得。

2 · 不在單一價值體系裡爭強好勝

難道你真的因為學好數理化，就走遍天下都不怕了嗎？當年把我整得捶胸頓足的拉格朗日插值定理和阿基米德定律，似乎在我的生活中也沒起多少作用。我們走遍天下或者過好人生，單憑一項技能哪裡夠啊？

「目光放遠點，你就不傷心了。」這是林語堂說的話，對我來說很有療癒力。

我們常常糾結於當下。一道題目不會做就懷疑自己的智

商，一次考試沒考好就擔心自己的未來，一次戀愛沒談成就憂慮自己的幸福，一份工作沒做好就害怕自己一事無成，於是我們心力交瘁地去爭強好勝，甚至自作主張地給自己加了好多戲，營造出別人的陰謀論。把別人視為眼中釘、看成假想敵的人，才是真正給自己樹敵。

3‧具備看清生活本質並熱愛生活的英雄主義精神

女作家莊雅婷有這麼一句話：「很多傑出女性說自己當年剛硬堅強，慢慢走來，卻不知不覺放軟了身段，開始體會溫柔平淡的力量。看官不禁要問：那一開始就溫柔溫暖柔軟的女孩不更是人生贏家嗎？其實也就是硬過才能真軟，沒有搏殺的溫柔終究是天真。」

我們對生活的愛，應該建立在清晰瞭解的基礎上。吃過虧、受過傷、流過淚，我們更應該對生活心平氣和、溫柔以待。

我欣賞經歷磨難卻依然樂觀、見過炎涼卻不失熱忱的人，他們未必就是好了傷疤忘了疼，未必就是不屑成為以前自己看不起的人，而是有種看清生活依然熱愛生活的美好精神。

總之，我們認識世界和自我的過程如此曲折艱辛，值得一個繁花似錦的心態。

女人的面容是她自己的幻想作品

　　保持好心情，已經成為我安慰別人的通用話術了。

　　我的一個好友，問我怎麼退出失戀聯盟，我回答：「保持好心情」；問我怎麼脫離「痘伴組織」，我回答：「保持好心情」；問我怎樣事業否極泰來，我依舊回答：「保持好心情」。

　　並非敷衍了事，我自己也拿這句話當開光護身符。隨著年紀的增長，我漸漸發現自己的很多生活理念愈來愈唯心。

　　什麼人生贏家、圓滿女人，一旦鬱鬱寡歡、心情低落，統統被一票否決。

　　年輕女孩都是各有各的清澈水靈，可是經過歲月沉澱，情緒、性格早已把女人的面貌分門別類。

　　正如叔本華說的那樣：「人的相貌有如象形文字，這種象形文字是可以被破譯的，他的相貌概括了他所要說的一切。」

　　我認識的一位老太太，前些年真是禍不單行。一邊是她的

高齡母親因病臥床，一邊是她的知心丈夫意外住院，她兩頭兼顧、心力交瘁，嘴角像垂掛著重物，臉上皺紋深刻了許多。兩位親人相繼離世後，她說：「悲痛欲絕，真想隨他們去了。」

最近一次我見到這位剛滿七十歲的老太太時，對方氣色紅潤、手腳利索，與之前的狀態判若兩人。老太太說自己大悲之後豁然開朗，覺得活著的每一天都是賺來的，兒孫自有兒孫福，自己得抓緊時間享受餘生。

老太太精通俄語、熟知聲樂。我們去她家時，她正幫著合唱團把俄文歌詞音譯成漢語發音，邊彈著鋼琴邊標注樂譜。後來坐著聊天，我聽她興致勃勃地講著她眼中的新奇玩意，真覺得她精神矍鑠、返老還童。

六、七十歲的老太太，按理來說新陳代謝和生理機能下降了，可是她憑著釋然地打開心結和沉醉地投入興趣愛好中，游離在時間外，活出了逆齡感。

很多人會有這樣的體會：工作上，聽說甲方要來實地考察，迎檢壓力大到臉上活生生憋出幾顆痘；感情中，和老公爭執嘔氣後，當晚舌頭側面就冒出一個泡；生活裡，由一些雞毛蒜皮的事引發的持續煩悶，讓額頭和下巴變成粉刺大本營。可見，膚質就是人最直觀的心情指示劑。

人在高興時，會「喜形於色」；恐懼時，會「面如土色」；焦慮時，會「愁眉苦臉」；羞愧時，會「面紅耳赤」……這些都是心理狀態在皮膚上的定向反應，經過時間這位塑形大師的

記憶和凝固，所有情緒都成為寫在臉上的人生履歷表，讓人一覽無餘，童叟無欺。

所以，我愈來愈覺得，皮膚是個心理器官。

與默克爾離婚，和小鮮肉拍拖，名女人鄧文迪或頹喪或上揚的面部線條走向，激發著普羅大眾對面相學的研究熱情。在生活中，我們也看到想法總是陰暗消極的人，臉上早有線索；而內心住著少女的人，皺紋一拖再拖。

在我的認知裡，女人們通常更愛胡思亂想，有些愛瞎想、善嫉妒、小心眼的女人被關進了一所囚禁自己的牢獄，並非被人憑暴力關進去的，而是自己走進去，從裡面鎖上了門，再親手把鑰匙扔到了鐵欄外面。最慘的是，世上根本沒人知道她們被關押著，不理解她們為什麼生氣、流淚、被毀容。

她們對尚未發生甚至不會發生的場景，早早選配好淒涼苦楚的背景音樂，敲定好複雜險惡的配角人設，設置好十面埋伏的矛盾衝突，用想像力不斷為困難加碼，如此這般，自己親手把負面情緒揉進面部線條裡。

這裡我要插播一則畫風不搭，但邏輯相通的例子。猶太心理醫師維克多・弗蘭克被納粹關進奧斯威辛集中營期間，時刻生活在恐懼裡，每天隨著長長的隊伍去工地勞動時，想的都是「能不能活過今夜」、「能不能吃上晚飯」之類讓人絕望的事情。

這些想法讓他深感厭倦和不安。後來他早上上工時，刻意想像自己走在要去演講的路上，來到寬敞明亮的教室，精神飽滿地開始演講，臉上漸漸浮現久違的笑容。當他意識到自己還能笑時，就知道他不會死在集中營裡，一定能活著走出去。

當樂觀的弗蘭克從集中營被釋放時，別人都難以置信：一個人居然能在魔窟裡保持年輕。

可見，一個人的面容劇透著他的內心戲。

有句戲謔的話是「雖然我長得醜，但是我想得美啊」，不過其實我發現想得美的人更容易長得美。

在你踏入令人緊張的面試或表演時，腦子裡虛擬著自己走在巴黎時裝週的伸展臺上，能讓身體自信發光；當你在單調的動感單車房中騎車時，閉上雙眼幻想是在明信片般的景區內騎行，能讓嘴角愉悅上揚；當你暫別喧囂與自己相處時，透過回憶溫暖往事或暢想夢想藍圖，能讓臉上流光溢彩。面部照相機會定格下你透過幻想而產生的表情。

凡事想得美的另外一層意義還在於，當你總是心懷善意去想像別人時，對方也能接收到你發出的和煦信號，並很大程度上以相同頻率反饋給你。人身處一個柔和溫暖的環境中，更能保持內心平和，這樣更有利於增加面部溫柔和善的機率。

我身邊很多目測年齡在生理年齡基礎上打了七折的女人，統統擅長把想得美當成保養紅利。我從她們身上提取出的公因

數為：做事有盡人事的專注，做人有聽天命的豁達，是忙中找樂、苦中作樂的挖掘機，是自娛自樂、知足常樂的小能手，對生活中的煩憂和慍怒，玩著《天天愛消除》的遊戲，就算她們行至人生的鍋底時刻，仍然會不自覺地打開心中儲存美好的記錄儀。

　　王爾德曾說過：「女人的面容是她自己的幻想作品。」為了我們這張臉更美一點，我們也得想得更美一些。

確立生活中的秩序感，
每一天都輕裝上陣

　　我大學有個室友，每次心情不好時，洗完衣服心情就好了。當時我多希望自己的髒衣服能有幸成為她的情緒撫慰劑。

　　她憤怒或生氣時，會拿幾條髒褲子去洗衣間洗，將褲管平整地鋪在水龍頭下的平臺上，撒上洗衣粉，用毛刷一下一下用力刷，正面刷完刷反面，一條褲子刷乾淨就刷另一條。當她晾完衣服後，我會看到她那張陰轉晴的臉。

　　我有一次問她，為什麼洗衣服都能洗出療癒感？她說，洗刷過程中的秩序感讓她心安。

　　聽著頻率統一的聲音，做著穩妥規律的動作，她該發洩的負面情緒、該釐清的混亂思緒、該平復的沮喪心情，伴隨著洗刷衣服這個連貫且有序的動作，完成了令她滿意的撥亂反正。

　　我仔細一想，覺得很有道理。我有個朋友說健身令人上癮，一個伸展做到位，身體復原，再做下一個伸展，多次重複

後，身體裡分泌了令人愉悅的腦內啡；我有個同學說閱讀讓人平靜，翻開一頁書，從上至下地看完，再翻開下一頁，翻完半本書，之前的糟心事就被打上了馬賽克；我有個同事說畫素描很紓壓，尤其是處理投影部分或者明暗交界線的時候，手臂來回滑動，畫作完成以後，陰影從心裡轉移到了紙上。

我想起以前看過一本土耳其小說《憂傷的時候，到廚房去》，書中有個居住在紐約的原菲律賓移民叫莉莉婭，遭遇了一系列生活的坍塌事件：與癱瘓老公的冷戰和對峙、兩個領養兒女對她的誤解和排斥。

當連喪偶後拿到遺產回菲律賓重新生活這個最後的精神支柱也被瓦解後，絕望的她到廚房裡一遍一遍地試驗一款叫「舒芙蕾」的脆弱甜點以尋求慰藉。

她讓自己長時間地待在廚房裡，準備食材、攪打雞蛋，滿懷期待地打開烤箱門，一次一次全神貫注地盯著蛋糕，一秒一秒地數著這個蛋糕撐幾秒才會坍陷。坍陷了她再重做。

重複製作舒芙蕾於她而言，是在一種生活坍塌後，重建另一種生活的有力承載。

由此看出，所謂的上癮、平靜、紓壓以及療癒，秩序感都功不可沒，它是拯救壞情緒的良方。

以我自己的經驗來看，秩序感曾多次把即將淪陷的自己打撈起來。

當陰錯陽差地沒被心儀的學校錄取後，面對缺乏能見度的未來，我意識到自己的支點在慢慢瓦解。重拾內聚力是從夜跑開始的，我戴著耳機聽著動感音樂，一條腿落地時換另一條腿邁出，一步一步踩準節奏，一呼一吸吐故納新，一圈一圈跑完預設距離。

當我工作壓力很大或生活面臨兩難抉擇時，給自己做頓青椒馬鈴薯絲能化解我的煩憂。除了自身愛吃馬鈴薯之外，最關鍵的是我很享受切馬鈴薯絲的過程。刀工欠佳的我為了避免割傷自己，必須專注於每次的手起刀落，把整個馬鈴薯一刀一刀地切成薄片，再堆疊起來切成細絲。我看著整個馬鈴薯由片變絲，心裡會升騰出成就感。

夜跑也好，切馬鈴薯絲也罷，都是一些難度係數很小的小事。但在做這些小事的過程當中，我體內的力量逐漸積少成多，思緒越發脈絡清晰。

焦躁被沉澱，痛苦被緩釋，目標被聚焦，當做完這一件小事之後，我就積攢夠了衝擊真正挑戰的能量。

和自己過招多年，我漸漸總結出心得。我覺得秩序感對身處困惑低落境況中的我之所以行之有效，是因為：

（1）秩序本身能讓人更容易預知下一步行為的狀態，在這一個小時空裡，只要我有條不紊地完成了每個單調小步驟，就能完成這件事本身，生活中的其他難題也遵守這個邏輯。

（2）秩序感對生活難題有移情作用，抽離難題本身，心無旁騖地專注於當下，喚起身體裡的節奏感，把散落的信心一點點地拼貼起來，以局外人的心境來看待一切，更容易邂逅靈感，解決困境。

一個有秩序感的人很少慌張迷亂。一個人生活的瓦解，最初是從生活細節上透出端倪的，所以在情緒窪地的人更要以某件小事為切入點，以小見大地構築起生活的秩序感。

事態愈是失控，內心愈是崩潰，人愈是需要從小事上的秩序感中汲取一股向上的精氣神，蓄勢待發，然後扶搖直上。

不要給別人浪費你的時間的機會

　　有一天早晨上班我差點遲到。電梯裡那個浪費我們時間的女人，讓我愈想愈生氣。

　　在一樓時電梯門快關了，有個剛進辦公大樓大門的美女眼看電梯快上行，喊了聲「請稍等」。緊挨樓層按鈕的我，按下了開門鍵。結果這美女把這一小段路程走出巴黎伸展臺的感覺，不疾不徐、風姿綽約地款款走來。電梯門數次要闔上，我數次急躁地按開門鍵等她。

　　我心裡對她翻了個托馬斯迴旋大白眼，大家都忙著打卡，她就不能走快點嗎？

　　好在後來有驚無險地沒遲到，但我餘怒未消。生氣果然是對自己無能的憤怒，畢竟是我一而再、再而三地按下開門鍵，讓她有機會浪費大家的時間的。

　　我身邊有不少浪費別人的時間而不自知的人：

　　久未聯繫的人託你辦事，假熟地寒暄半天才扭捏地提要

求。大哥，有事直說，你剛剛囉嗦半天的工夫可能已經把這事給辦妥了。

東拉西扯的人說個事情，明裡暗裡的故事線能鋪好多條。大姊，為了弄懂你想說啥，我耗盡了提煉主謂賓和縮句的畢生功力。

這類人不把自己的時間當回事，也就不會把別人的時間當回事。像我這種急性子的人與他們過完招，每次內傷傷勢都很嚴重。

後來我從吐槽轉為自省——就算別人浪費了我的時間，也是我給他們這個機會的啊。

不行，我得主動扼住別人浪費我的時間的咽喉。

別人肆意浪費你的時間，是因為你有一種「我的時間你做主」的氣場。

當我渾身無力、眼皮低垂，一副慵懶的樣子時，簡直就是行走的開場白，然後就會有人問我：「昨晚沒睡好？來『大姨媽』了？」

當我怒火未平、鼻孔噴氣，一臉生氣的樣子時，完全就是八卦的吸鐵石，馬上就會有人上來：「誰惹到你了？啥事這麼氣？」

你一旦有情緒，就會招惹關注，話匣子一旦打開，就會如滾滾長江東逝水般關不上。所以你得先弄清自己到底想發洩傾訴，還是忙於解決問題。

　　而如果我看到別人正在認真做事，會捨不得打擾。同理可證，要是我專注地在做某事，我周邊肯定也能形成一個閒人勿近的結界。

　　你有同感沒？有人跟上司彙報工作時，陳述現狀、引用數據，高效地為上司省時間，到你這裡就變成了扯閒篇和嘮家常。也許你身上的鬆散勁散發著一種「我的時間你做主」的氣場。

　　別人浪費你的時間就罷了，你非但不叫停，反而全力配合。

　　有種可怕的病叫「怕人尷尬癌」，有的人心裡明明受不了別人的求幫忙或嘮叨，但仍面帶微笑地點頭附和，不拒絕，不打斷。唉，自己是個包子，就別怪狗跟著。

　　你這樣會給人傳遞一種「你很享受此次聊天」的訊息，更鼓勵了他求幫忙的行為，更激發了他嘮叨的欲望。

　　保險推銷員給你講了二十分鐘，你問東問西後才說不感興趣，他也淚奔；飯桌上的吹牛王帶你追憶青春年華，你左驚右呼完聽上句忘下句，他也淚流。

　　你配合著他瞎演個什麼勁？自己的時間有多值錢，別人不知道，你自己沒概念嗎？既然要演，你就裝忙，就看錶，一副「社會主義等我建設」的匆忙感。他神經再粗大、訴說欲再濃烈，也會放過你的。

　　如果你實在忍無可忍，就說：「我很想跟你多聊，但十分

鐘後確實有急事」，既讓他有個心理準備不至於突兀，也能給他留個面子。

就算別人正在浪費你的時間，你依然可以開啟自主省時模式。

我認識一個高效能女士。她的工作需要接聽許多電話，她發現多數主動打電話給她的人，習慣簡單介紹一下自己的公司、認識的契機，走個客套的流程。就算每個電話開場僅多耗時半分鐘，也架不住走量啊。

後來她與人初次交換電話時，就會備註上對方的公司、職位、姓名和產生交集的緣由。有按著名片號碼打電話過來的人，她接聽一次後立馬補上。這樣她接電話時，先說：「某公司的某經理啊，打給我啥事呀？」她因此省下不少寒暄時間。別看一個電話平均節約二十五秒，但架不住走量啊。

她跟我說，自己寧願回家多聽女兒呀呀學語，也不願把時間浪費在這種事上。

另外有一個同事，曾有過「開會半小時後 PPT 還停在第三頁上的會議，果斷開始做自己的事」的論斷。我見過有一次員工大會，總經理又在提我們都能倒背如流的當年勇時，前排靠邊的同事開始翻閱重點項目的資料，便彷彿看見他對著浪費自己的時間的人或事按了一鍵靜音。

還有些聰明人，很少與無利益相關的人理論超過三句，很

少與三觀平行的偏激犯談天說地，很少與不理智的網絡酸民爭個你死我活。

犯不著因為不能增進共識的對話而跟自己生氣，不僅浪費對話時間，事後還得花時間來後悔，你這是何苦？

降低溝通成本從我做起，培養別人珍惜你的時間的習慣。

我大學有個室友，講話完全抓不住重點，分不清主次，說到配角也要延伸背景介紹，提及瑣事也會切換三種時態，聽得我們很抓狂。她也意識到自身的問題，讓我們幫她改。後來我們一聽到她有跑題的徵兆就拉回她，有個女生甚至幫她分析總結。後來她進步喜人，說話簡潔易懂。

你看，節約自己和別人的時間的好習慣是可以培養的。

浪費時間多數是相互促成的，我看到網路上有人說最受不了別人在社交軟體上問：「在嗎？」他隔段時間看到時回：「在。」對方又隔段時間問：「現在在嗎？」他又隔段時間回：「現在在了。」兩人單單兩個來回就已跨越幾個小時。

我看著都著急上火，這種溝通成本和情緒代價太高了。

對方問你「在不在？」，你直接回覆「在，但工作較忙，您有事直說」，這樣對方節約你的時間的機率會猛增。如果他的「在嗎？」和你的「在」總是擦肩而過，你們就約個時間進行電話聯繫。

你忙碌時看到長語音很煩，不妨溫馨提醒對方上班會議

多，文字交流更便捷，語音既不方便聽也不方便說；你事多時有人問你難以解釋明白的問題，不妨委婉地告知對方這個問題曾在知乎或百度上看過，現在有點記不清，不如自己查一查。

手把手地培養別人達成低成本的溝通方式很必要，事事關己，你不能高高掛起。

此外，沒有令人信服的原因，別人遲到、爽約、不在狀態，你得讓他知道你的原則。正如我的一個客戶因乙方遲到幾次，單方面取消了合作。

她說：「時間就是金錢，有人浪費我的時間，得賠我錢，憑什麼我還付他錢？」

不要給別人浪費你的時間的機會，那是對自己的時間的間接浪費。

最後我們再來重溫魯迅的名言：「浪費別人的時間等於謀財害命，浪費自己的時間等於慢性自殺。」

真正的好閨密，首先會讓你變漂亮

以前，我聽一個女性友人說過，她和她的女同事 A 曾經相見投緣，相談甚歡，馬上發展成手挽手上廁所、手拉手去逛街的親密好友。

有段時間，女性友人感情不順心裡苦悶，可 A 非但沒有安慰她，反而處處晒恩愛、秀幸福，今天是老公送禮物，明天是婆婆給煲湯。

女性友人在落寞中總想證明自己，在猜測中常會臆想別人，用力過猛、思慮過度導致日益面容憔悴且脾氣暴躁。

真正讓女性友人失望的是件值得玩味的小事。那年她是公司年會的主持人，事先顧著彩排沒空吃飯，實在太餓，匆忙吃了個菜包。由於設備故障，年會推遲開場，A 還來找她聊天，叫她別緊張。

她主持到其他同事上臺表演才下臺休息，有攝影師找人過來提醒她清理牙齒側面的菜葉。她照完鏡子後頓感崩潰，比在

臺上出糗更難過的是，A 居然沒提醒她。上臺前她們可一直在聊天，A 不可能沒看到啊。

　　嘗到變醜、出醜二合一的女性友人意識到，如果一段友情給自己的壓迫和不爽感遠大於親密和舒心感，更多的是對自己身心的磨損和消耗，自己還不如和對方漸行漸遠。

　　其實，我也分不太清她們之間的糾葛，但如果你的好友讓你變醜了，有三種可能：

（1）朋友的原因。

　　他們或者分寸感很差，經常讓你感到尷尬難受；或者錯把嘴賤當幽默，把快樂建立在你的痛苦上；或者太以自我為中心，把你當作陪襯自己的綠葉。

　　更別提他們那些當面一套，背面一套，見不得你好，壞你好事，挖你牆腳的卑劣行為了。

（2）自己的問題。

　　如果你敏感細膩，善於比較，看到朋友的幸福與成功，不是開啟「或許別人的幸福，只是他們想展示給我看的幸福」的自我安慰模式，就是選擇「我也不差，憑什麼別人有我卻沒有」的賭氣較勁模式，那暗流湧動的內心戲永不會殺青，把對自己無能的憤怒遷怒到好友身上，將活生生把日子過成田忌賽馬。

（3）你們都沒錯，只是不適合。

　　很多時候，人們只強調戀愛或婚姻對一個女人的樣貌上的

雕塑，比如戀愛中的毒舌男友會奪走女人眼裡的神采，婚姻中的冷漠老公會拖拽女人嘴角的弧度。其實，好朋友對女人的顏值、身材、氣質、自信等方面的影響不容小覷。

我大學住宿時就發現了這個道理。當時我和兩個室友關係特好，沒有互相的營養建議很難三餐清淡，缺乏彼此的鼓勵帶動很難堅持夜跑，用到好面膜會互換試用，看了好書更會輪流借閱。

相處時間久了，我感覺從膚質到髮質，從體質到氣質，我們仨都有不同程度的正向改善，甚至驚動了荷爾蒙，我們後來連經期週期都趨於同步。

有時候也不知是人以群分，還是聚在一起的人相互影響變得類似。喜歡聚在一起互相扶持、提升自己的小團體愈來愈容光煥發，而喜歡聚在一起說人壞話、搬弄是非的小圈子則會愈來愈面目猙獰。

身邊的好友，已經變成了我們的環境成分，對我們產生了肉眼可見的交互影響。

以個人三十年的臨床經驗，我發現能讓人變漂亮的好朋友都有這些特質：

他們本身就有變好的上進心、好奇心和執行力，為人豁達，處事樂觀，姿態昂揚，內心坦蕩，崇尚健康美好的生活方式，而且形成了作用於你的磁場。

他們是你穿衣打扮時的影子內閣，是你情緒沮喪時的轉換

設備，是你自亂陣腳時的定海神針。在你當局者迷的時候，他們寧可說真心話，也不讓你大冒險。

你們能不卑不亢地相處，在一起時你會表情舒展，朋友會真誠地用你樂於接受的方式對你好，急你所急，憂你所憂，為你的成績真誠歡呼欣慰，不是「希望你過得好，但是不希望你過得比我好」那種偽朋友款式。

大家的顏值和健康都來之不易，不要和讓你變醜的「好朋友」在一起，你也別讓在一起的好朋友變醜。

如何遠程做父母的「貼心小棉襖」？

　　我身邊多數朋友離家很遠，一年到頭與父母見面的機會少得可憐，關愛既是盔甲又是軟肋的爸媽，不能只是在他們的生日和父親節或母親節這幾個法定孝親日表現，功夫更在日常行為上體現。

　　煽情肉麻的話，我留著私下跟爸媽講。這次我專門攜乾貨而來，以小見大且開門見山地分享一下：如何遠程做父母的貼心小棉襖？

　　再忙也要每天給爸媽打個高品質的電話。

　　據我所知，我爸媽那個朋友圈子裡頭，最霸氣的「炫耀」就是：我孩子天天給家裡打電話！

　　我曾目睹過一個叔叔說這話時的表情，眼裡流光溢彩，嘴角得意地上揚。其實對我們來說，每天打個電話回家，這有何難？但也有一些注意事項：

（1）重視與父母通電話的品質，主動打電話給他們，跟父母講話盡量停下手頭在做的事情，提醒他們聽到鈴聲不必動作猛烈地跑去接聽。

有一次我在加班，我媽打來電話。我一邊回覆郵件，一邊通透過耳機「嗯嗯啊啊」地敷衍應答著。坐我前面的中年同事轉過身來，嚴肅臉＋低音炮地對我半訓半勸，讓我珍惜能和親人說話的福分。我看了一眼他左臂上的孝牌，頓時喉嚨一緊，只得臉紅地點頭。

（2）聊天內容得有細節、有新意、有愛意，互相之間不要侷限於吃了嗎？早點睡、多喝水之類的常見問題，要透過通話營造出一種參與彼此生活的同步感。

比如我週末做飯前最愛給老爸致電，問他削山藥時手發癢怎麼辦？上次在家那道溜豬肝是怎麼做的？最近的新菜式傳授一下唄？一來透露我能照顧好腸胃的訊息，讓爸媽放心的同時又隱含著需要他們的意思；二來能重溫在一起的溫馨感，分享在異地的生活，建立更多的情感連接點。

（3）多報喜少報憂，你若總唉聲嘆氣地傳遞消極訊息，負面情緒隔著電話線會被無限放大，惹得爸媽關心則亂，卻因鞭長莫及只得乾著急。

我一般自行消化完壞情緒，再心情愉悅地給爸媽打電話，說些生活、工作、感情上的小喜事，像是被主管表揚了兩句、薪水漲了幾百、與老公相處時的趣事之類的，讓他們知道手機

這頭的我過得安好喜樂，讓他們看到我的來電顯示就眉眼舒展。

輪到我們教爸媽玩轉這個新奇有趣的世界了。

有時候在電話中，聽爸媽說起同單位的年輕人幫他們新裝個手機 App，或者家裡親友的孩子教他們使用電腦功能，我心裡既感激又慚愧。

我能做的除了當面或遠距時耐心地教爸媽學用新玩意之外，還有當自己周圍有與父母年紀相仿的人面露難色時，熱心幫忙。

我們部門有位臨近退休的同事對我們習以為常的工具用起來略顯吃力，不會將身分證正反面影印在一頁紙上，微信表情庫已滿，添加不了新表情。如果他問到我，我就細緻地一步一步演示給他看，正如有位年輕人在遠處幫著我爸媽那樣，這算不算「遙遠的相似性」？

我列了一個不完全清單：在家幫爸媽把手機和電腦的字體設定到他們覺得舒服的大小和顏色，主動幫著防毒和優化系統，提高運行速度；更新一下聽歌軟體裡的歌單，下載幾個愛玩的單機小遊戲，做好語音聊天和影片聊天的疑難小問答；操作時溫柔耐心地放慢節奏，盡量使用接地氣的簡單表述以及一鍵式的操作方式。

我以前有個室友，她爸媽從小城來深圳旅遊時，她手把手

地教爸媽怎樣使用地鐵自助售票機買票，怎麼在地鐵站換乘，怎麼看公車站牌不會坐反。我被幾個暖心細節暖到心都化掉。

世界瞬息變化的今天，連我們自己都有過期感，更別提老人的過時感。

但現在輪到我們教爸媽玩轉這個新奇有趣的世界了。

為爸媽做一些力所能及的事情。

上次婚假我回家，看到家裡的茶几上有我媽同一藥名但不同包裝的藥，當時用手機拍了照，回到我的工作所在地後去藥店諮詢。店員跟我說兩種包裝的藥都治高血脂，一種是合資的，價格高但副作用小，另一種是國產的，價格低但副作用稍大。我跟我媽確認這種降脂藥需長期服用後，我幾乎刷爆醫保卡，買了那款副作用稍小的藥。

說起「我們奮鬥的速度要趕超父母老去的速度」這句話，很多人熱血翻湧：趕緊賺錢吧，帶他們去旅遊，給他們買好的東西。但我們也不能顧著賺錢，忽略了爸媽當下的生活和感受，應該為他們做一些力所能及的事情。

指出父母在朋友圈發的養生文章中不對的地方，他們當然不相信你，你得找到更權威的資料給他們看；朋友圈不必屏蔽他們，多建立一些親友群，發些短影片和紅包，收集符合他們的審美的表情包與他們互動。我已經攔不住爸媽買保健品了，但現在哄著他們，每購入新藥把防偽碼摳掉拍照給我驗證；旅

行時、逛淘寶時、逛街時，看到適合父母的東西就趕緊下單吧，類似防滑鞋子、浴室扶手、有聲讀物等，他們嘴上老說浪費錢，其實心裡暗自欣慰……

　　大家都深知人生的規律，距與爸媽還能清晰地談論以往、並肩而行的年數屈指可數。我最受不了那些算完「假設爸媽活到一百歲，我還能見他們幾次」的公式，每逢佳節就自發性感嘆「太陽啊，請晒黑爸媽的頭髮」，把自己感動後卻沒有真正為父母付出一些物質或情感的人。

　　父母確實不奢望你為他們做什麼，但你千萬別真的什麼也不為他們做。

既然拖延症治不好……

　　我身邊出現著各種同類：同學 A，僅剩一個月就答辯了，論文只是簡單地開了個題；朋友 B，駕照只考了科目一，然後活生生地拖到過期；同事 C ～ Z，執行工作時東拉西扯、東搞西搞、東張西望，時間進度表過去七、八成後，以哭著也要把事做完的狀態趕在最後期限前五分鐘交差。

　　網友常被我早睡早起、頗為高產能的樣子所蒙蔽，問我：「難道就沒有拖延症嗎？」

　　有！我的拖延症與生俱來。我媽說我足月了還在她的肚子裡拖了幾天。還有我幹麼早起？初衷是我晚上磨蹭，次日不得不早起收拾爛攤子。

　　我早就意識到，在我理性決策的大腦旁，有隻鼓吹要及時行樂的猴子。因不想被這隻猴子搞得事態失控，於是我此後的人生大多是在「既然拖延症治不好」這個基礎上想辦法的。

　　我現在也還會拖延，但工作上的任務總能及時搞定，業餘寫稿時也沒拖過稿。我可以恬不知恥地說，我的半條腿已經步入拖延症的高級狀態──我瞎掰了個名詞，叫做「可持續拖延症」，不誤己、不誤人、不誤事。

　　如果你也像我一樣，對拖延症宣戰無數次仍敗下陣來，那我的經驗可能對你有用。

　　不擇手段地掌握快捷方式。

　　剛工作時，我最煩月底把幾十份文檔彙總成一個總文檔的任務。機械化的複製黏上、相似頁面的來回切換工作，技術含量低，還傷精費神。來了新同事後，我終於可以將這任務交接出去了，差點熱淚盈眶。

　　該同事一看就是拖延症晚期患者。文檔彙總後第二天就得上報，他還在悠閒地上網、玩手遊，我都替他著急。我提醒他這工作看著容易做著耗時，他說他百度了方法，很快能搞定。

　　我強烈要求他搞定給我看。他演示了一遍流程：新建一個Word/ 插入 / 文本 / 對象 / 文件中的文字 / 選中需彙總的文檔，幾十份文檔瞬間彙總，全選後調整格式，兩分鐘內搞定這工作。

　　我內心在咆哮，Office 用得好，下班回家早。以前我做了那麼多無用功真的太虧了。現在我會定期去搜尋新的軟體、App、工具，或者去請教身邊的效率達人。

　　主動懷疑工作中的默認選項，提前尋找更優方案，我相信很多比我懶的人比我聰明。

　　沒經驗且很重要的事不能拖。

　　作為一名有節操的拖延症患者，我有所拖，有所不拖。

　　以我的經驗來說，那些重複多遍、流程常規、發展定型、不出餿主意且在拖延期間心裡泰然自若的事情，才具備啟動拖延程序的條件。如果對一個新任務心裡沒底，經驗不足，可能給上游下游的人添麻煩這樣的事，你得及早著手做，千萬不能拖。

　　人之所以拖延，原因之一是想延長美好悠閒的時光，如果其間忐忑不安、備受煎熬、焦慮內疚，那還是挽起袖子開工吧。

　　我曾試過幾次拖到不能再拖的情況下才開始做一件我並不熟悉的事情，結果手忙腳亂到差點內分泌失調。為了避免我的心臟承受太多這種千鈞一髮的時刻而心肌梗塞，我決定事前評估，然後再量體裁衣地進行拖延。

　　還有那種遲早得做，且後做比先做代價高太多的事，我會盡量不拖。就拿洗碗來說，我會飯後馬上洗，不然拖到油脂凝固、菜渣牢固時，又得用熱水泡，又得用力擦，拖得愈久付出的代價愈高。

先把全神貫注的專注力練出來。

重要的事情，你專心做比說三遍重要多了。

入口網站的標題突然跳出來奪人眼球，手機上各種軟體的提示聲分散注意力，常讓我專注力低下。

當任務的進度條已過四分之三，而我還毫無成果時，便會開啟高度專注模式，毫不猶豫地把不相干的軟體關掉，將手機調成飛行模式，做幾個腹式呼吸，一副要上山閉關修練的架勢。

混合了一點緊迫感、興奮感的我，調動起所有的注意力，打字速度變快，思維脈絡清晰，主觀隔絕世事，會有如神助般完成任務。

確實有人愈到緊要關頭愈靈感迸發，像是馬丁・路德在發表他生命中最偉大的演講前夜，凌晨三點起來重新寫稿，直到最後才想出改變歷史的「I have a dream」（我有一個夢想）這四個英文單字。

但如果你是那種「時間充裕時拖拖拉拉，時間緊迫時因忙出錯」的人，以你的道行，還不配得拖延症。在把緊迫階段超常發揮的本事練出來之前，你應盡早動手，避免誤人誤己誤團隊。

在拖延中完成一輪又一輪的思考。

據說達文西花了十六年時間斷斷續續地完成了名作〈蒙娜麗莎〉，拍《刺激1995》的導演法蘭克・戴拉邦原先想拍同

樣出自史蒂芬‧金的《迷霧驚魂》。

你能說中途跑去學光學的達文西和不先拍《迷霧驚魂》的法蘭克‧戴拉邦有拖延症嗎？

達文西邊畫畫邊研究光學，把改良後的描繪光亮的方法加到了〈蒙娜麗莎〉的創作中去；而法蘭克‧戴拉邦覺得當時的科技拍不出《迷霧驚魂》裡他想要的效果，在拍其他電影時也在暗自積攢著特效技術。

有時候他們看似在拖延，其實是在做準備，從沒忘記初心，潛意識裡覺得時機不成熟，在持續醞釀、思考、創新。

拿我寫文章來說，我選定一個選題後，還是會沒心沒肺地先玩一會兒，而且在玩的過程中，有時間去發散思考，有了靈感就拿筆記下。

我發現自己大量好的創意是來自拖延期間，這樣寫出來的文章比早早完成的品質要好。

廣義上來說，人人都有拖延症。就算工作上執行力強的人，可能在陪伴家人方面也是個拖延鬼。

在我看來，我們的一生中除了那些有確定截止日期的事情之外，還有很多事根本沒有一個明確的最後期限，像是放鬆休閒、鍛鍊身體、維繫感情等，所以不必對拖延症苛責太多。

既然自己的拖延症治不好，我們不妨換個思路，將其升級成可持續拖延症，從邊路進攻。

馬克‧吐溫說過：「後天能做的事，就別趕著明天做了。」
當然這是有條件的，你要麼有「自己的五分鐘等於別人的兩小
時」的運行速度，要麼有「泰山崩於前而色不變」的心理素質，
要麼有「一切盡在我的掌握中」的駕馭能力。

總之，拖延症是有入門門檻的，沒有金剛鑽，你就別得拖
延症。

第四章

你期待的未來，其實並不遙遠

理什麼財，
你自己就是最好的財

　　你還熱愛生活嗎？買個 P2P 試試。二〇一六年的愚人節，我多希望「E 生財富」這個 P2P 平臺的兌付困難只是跟我開了個玩笑。我家在該理財平臺上投資了十萬元，忽然間看著無法提現的頁面，我和我老公強咬著大臼齒，壓抑著焦灼感，速速展開分析：第一，投資有風險，當時對高利率心動，現在就得對高風險心痛，好在雞蛋沒有全部放在一個籃子裡，目前的經濟損失尚未到拉低生活品質的田地；第二，心疼和悔恨總是難免的，可我們不能太沉緬於負面情緒中，應該吸取經驗教訓，吃一塹長十智，想法子讓散盡的千金還復來，不要再往裡加注沉沒成本。

　　我們生活如故，正常上班，業餘充電，但是密切留意著事態進展，決定一旦立案就寄送資料去報案。

　　我老公加入了一個同病相憐的投資者的微信群，群裡投了

幾十萬上百萬元的大有人在。自從平臺暫停運營後，不少人辭去老家的工作，舉家搬至深圳福田，租房子，拉橫幅，要報案。我感覺他們的整個生活連本帶息全被「E生財富」吸走了。

就連我倆這麼拿得起放得下的瀟灑擔當，也深感這次理財的各個階段都在吞噬我們的精力，讓人乍驚乍喜，患得患失。

沒出事之前，看到相關風險預警，錢又取不出來，我們只能乾著急；一天天過去，欣喜地看著可觀的利息數目，還是有著一絲僥倖心理；愚人節那天，聽說平臺已經無法提現，突如其來的噩耗讓我們心好痛；聽說平臺的老闆已被公安局的人帶走，我們又祈禱資金還沒流失；老闆父子的狗血家庭連環騙局讓人雲裡霧裡，我們覺得追回本金日益渺茫；公司又承諾有其他大項目兜底，將墊付每個投資者的本息，我們在失望中又生出一絲希望，反反覆覆無窮匱也。

當初我們為了百分之十以上的年收益，換來了現在百分之百以上的大麻煩。關於這次理財，就算結果是萬幸萬幸萬萬幸，我們最後能拿到本息，還真不是一句「虛驚一場」能概括的。不管怎樣，這是一次極端劣質的理財，尤其是它前前後後大口吃掉了我們寶貴的時間、精力，以及平靜的心情。

原本我也不想因為自己被豬油蒙了心、被鬼遮了眼的失敗體驗，就狹隘地一棒子把理財打死，但在目睹我那漂亮的女性友人炒股過程中的顯著虧損和隱形代價後，權衡再三，還是把理財拖拽到了黑名單裡。

　　股市大好時，女性友人不想錯過資產重新配置的財富洗牌，結果把自己的資產順利地配置給了別人。

　　炒股期間她差點走火入魔，生活將就，心情隨機，業績下跌，人際關係失守，根本無心捯飭自己，時刻捧著手機看大盤，熱中各種內幕消息，用她的話說就是，每個工作日的上午九點到下午三點都心懸一線。

　　她賠完積蓄後被動戒股，事後冷靜下來進行自省，死活想不通當時怎麼會把本該綻放在花花綠綠的裙子中的時間，消磨在花花綠綠的 K 線中。

　　她說最大的收穫就是，發現自己不是炒股的料。真正的炒股高手視股票為一種儲存優質資產的長期儲蓄，想著短時間內迅速積累資本的人多半凶多吉少。而最令她扼腕的是，每天盯著股票漲漲跌跌，買進賣出，被股票消耗的還有寸金難買寸光陰的寶貴時間。

　　我覺得非投資領域的年輕業餘散戶，就算丟得起那個錢，也丟不起那個時間。對我們來說，最好的價值投資標的不是 A 股，而是自己。

　　我見過把才華、技能、眼界、本金投資在身上的年輕人，都穩賺不賠地鞏固了自己。

　　我有位超合得來的朋友，他熱愛並擅長畫畫，機緣巧合下開始在網路上接單，利用業餘時間作畫。我們聊到理財時他完

全無視，但平時節儉的他對入手電腦繪圖板、觸控筆、專業書籍等出手闊綽。最讓我吃驚的，是他有一天跟我說要辭職，拿著已有的積蓄去首都學畫畫。

這廝夠有種，去年畢業後他來找我玩，完全華麗轉行，如今收入暴增，眼裡一路火花帶閃電，讓我暗自感慨自我投資才是真正零風險高收益、穩賺不賠的理財產品。

另外一位女同事幾年前買的基金被套牢，捶胸頓足後決定做一個體面的長線持有人，早把套進去的錢視為潑出去的水，挽起袖子誓在工作上拔地而起。她向經理申請從行政部門調到市場部門，把以前研究基金的時間撥到了鑽業務、泡論壇、做功課、談客戶上。她努力的樣子使她成為我方圓五十米內的雞血姊，與日俱增的提成早已把購買基金的財務窟窿堵住。

有一天我與她閒聊，提起最近市場不錯，問起她那些基金的近況，發現心大的她居然都忘了曾經買過基金這回事。當晚我看到她灑脫地發了則朋友圈：「恰逢牛市，解套離場。」

總有人在各種理財的海洋中輸贏起伏，賺賠升沉，但輸贏賺賠不僅限於金錢層面，還有不可挽回的時間消耗、此消彼長的精力、逾期不候的陪伴，以及埋下窟窿的成長。

理財是個變數，理己才是常數。假若你投資自身潛力小於投資理財產品，不管從哪個角度看，都虧大了。

　　心無旁騖地提升自己的人，年收益率不知是百分之十的多少倍。理什麼財？你就是最好的財！

一萬小時定律，
唯一失效的領域是愛情啊！

愛情裡根本沒有「多勞多得，按需分配」這一說。

耳熟能詳的一萬小時定律是這麼說的：「任何領域的世界級水準都需要起碼一萬小時的訓練，人的大腦好像必須花費那麼長的時間去消化理解，技能才能達到極其精通的水準。」

業績的提升、知識的整合、能力的積澱、皮囊的修練、氣質的養成……你把時間花在哪裡，成就出現在那裡的機率就更大。

但令人遺憾的是，愛情對一萬小時定律是個否定項。

如果愛情也有投入產出比這一說法，它像是一個開口朝下的拋物線，起始階段的付出能讓感情更甜蜜溫馨，到了頂點之後，一邊一廂情願地自我放棄，一邊加大劑量地犧牲給予，不僅給對方沉重的壓力，也容易使自己求而不得，在自怨自艾中墜落進斷崖式的深淵。

女人一旦動情，心情曲折纏綿，想念中帶著怨嗔，甜蜜裡不乏苦惱，沉浸在熱戀中的女人當然有權利忘乎所以一陣子，但是當多巴胺和動情激素分泌得差不多了，也得像男人般趕緊回到現實裡。畢竟有難題等你去闖關，更有夢想等你去實現。

迷信「有愛者事竟成」的女孩們，從小被瓊瑤、韓劇和花式霸道總裁小說洗腦，認為沒有愛情就活不下去，至少活得不好，於是無意識地消磨時間，卻還要感嘆人生苦短，結果被沉沒成本套牢。

看她們濫用時間連我都無比心疼。我多想勸幾句，她們有在微信上拿捏分寸地多次撤銷輸入的時間，不如研究一下 Office 辦公軟體的高級操作技巧；有邊摘花瓣邊數他愛不愛自己的精力，不如內外兼修地強行吸引他主動表白；有在日記本裡寫「書桓走的第三天，想他想他想他」的工夫，不如轉移注意力，搞定難題後等他回來愉快地玩耍。

更有一種等待愛情救贖的重症患者，堅信只要在自己濃縮的青春裡找到一個瑞士刀般的萬能老公，所有生活困境就迎刃而解了。到時候房契加她的名，贈她信用卡的附屬卡，上繳薪資卡還不藏私房錢，所有困難都可以外包給他，他永遠做她壞脾氣的回收站。天吶，長得多美的人才敢想這麼美？！

於是這類人為了愛情擱置一切，把自己人生的基礎設施糊弄成豆腐渣工程。

　　就像俄羅斯方塊那個遊戲，把自己一切漏洞百出的麻煩事整齊地排列好，等著愛情這根直條出來拯救你於水火，殊不知有朝一日就算直條真的來了，你也早已身陷債臺高築的煩惱裡，任憑誰來都無力回天。

　　在愛情贏家們看來，愛情更像是一幅畫而不是一首歌，因為人生的房間裡除了掛著愛情這幅畫，還可以同時擺放事業、興趣、朋友、旅行等不同的畫作。但如果愛情是一首歌，那麼房間裡就只能放這首歌曲，同時播放其他歌曲就會兩敗俱傷。

　　愛情和其他重要事項是並聯關係，而不是串聯關係。

　　被愛情溫柔以待的女人們，在感情發展的不同階段都更傾向於：

1・愛之前，優化自我

　　每次被別人催促「個人問題得抓緊」時，她們從不認為自己愛不愛、結不結婚是個「問題」需要被解決。她們有太多男人以外的精彩事情，健身以鞏固身體硬體，閱讀以強化身體軟體，有幾個懂自己的好友，渴望著新鮮的知識，忙著自己的「光合作用」，提升應對苟且的技能，將心中的一角預留給詩和遠方。

2・愛之中，保持自我

她們具備「己本位」的意識，愛情與保持自我、發展自我之間並不衝突，甚至有助於探索豐富內心，挖掘性格亮點。人生是個比例動態調整的過程，有茶不思飯不想的時候，大家也別忘接下來還有責任和自由，對伴侶，相互扶持大於單向依賴，避免自己成為失重狀態下的浮游生物。

3・愛之後，重生自我

失戀不失志，失婚不失態，愛情還能讓她們熱淚盈眶，重拾初心；生活永遠讓她們血脈賁門，永保青春。她們懶得與自己鬥、與前任鬥，鬥得血雨腥風，反而打開任督二脈，迎來人生另一股上升氣流。比如愛黛兒失戀後讓全世界陪她一起哭，獨攬葛萊美六座獎杯；小霉霉（泰勒絲）戀情結束後的自剖情事，引無數媒體競折腰。

愛情之所以打動人，是因為它喚醒了自我完善的需要，而自我完善離不開自己的時間和精力的隆重資助。

拿著這一萬小時單獨在愛情及其衍生物裡望聞問切多沒勁？生命中還有更廣闊、更有趣味的世界等著你去虔誠尊重呢。

你所謂的優越感，與別人無關

我一直受不了「仗著自己的優越感而干涉別人」的行為。

電視劇《歡樂頌》中有個情節讓我印象深刻，曲筱綃仗著自己看不慣樊勝美的優越感，眼神輕蔑，冷嘲熱諷，樂於看人出醜，多次造成慘案。其實社會上那些「我拿青春賭明天」的人確實不招人待見，但我在看電視的時候，絲毫不覺得曲筱綃替觀眾出了一口惡氣。恰好相反，我對她的行為嚴重反感，甚至感到恐慌。

劇中菁英女安迪拋出了金句：「我們心裡可以有不同的見解，但是沒有權利對別人扔石頭。沒有人是完美的，對方有罪，你又何嘗無辜？與其站在道德制高點去苛責別人，不如先要求自己。」在我心中，這部劇的質感因這幾句臺詞而提高許多。

我欣賞安迪的看法和處理方式：理性判斷是非，尊重不同見解，全程保持善意，不瞎傳播，不潑髒水，不扔石頭，給自

己和別人多一些耐心。

1・沒有調查和思考，就沒有發言權

陳凱歌有部電影叫《搜索》，改編自入圍「魯迅文學獎」的小說《請你原諒我》，影片裡有個情節在我腦袋裡揮之不去：高圓圓飾演的葉藍秋在醫院被確診患淋巴癌後，心灰意懶地上了一輛公車。沉浸在驚愕與恐懼中的她，拒絕給車上的老先生讓座，並因一時的氣話「要坐坐這兒（自己的大腿）」，招致車上乘客非議。這場景被記者用手機拍下，經層層惡意放大和失控擴散後，引發一場慘烈的全民人肉搜索。葉藍秋在被集體討伐道德淪喪中，走完了人生的最後時光。

我在電影院看完哭完後深深感慨：我們眼睛看到的、耳朵聽到的事情，有時候並不全面。葉藍秋那句話確實不雅，但當時的人從未深究她說出此話的原因。不明真相的大眾，被訊息牽著鼻子，發洩著情緒，自以為正義，聯手把一場因病死亡催化成謀殺。一個生命終結後，對每一個參與者，讓當事人怎麼原諒？

就連只有九十分鐘的偵探片都是在排除各種假象，逐層解開謎團，答案才在抽絲剝繭中漸漸明朗，而生活中的事情與人物關係更為複雜，憑什麼你聽熟人的一面之詞，看網友的置頂批評，靠標籤化的既有印象，就不分青紅皂白地抄起傢伙攻擊人？

職場風光的漂亮女性未必就是靠主管上位，衣物昂貴的年

輕美女可能透過創業成為富人,平時不怎麼用功的學生考出高分也不一定就是作弊。

尊重事情的真相是前提,大家不要放任自己的偏見,對別人黑之而後快;不要在別人的故事裡,成為一名主觀的參與者。

2‧請不要用別人的難堪來補貼自己的優越感

我大學時有一個暑假沒有回家,留在大學所在的城市又報日語班又做兼職,與一個大我兩屆的本地校友在校外合租房子。校友一來為了逃離父母的催婚,二來想找個地方專心複習考研。

我倆剛住一起沒多久,我聽說她媽週末過來我們租的房子裡,幫我們燉湯做飯、收拾屋子,原本還挺期待吃頓家常菜的,可她媽給我塗上了滿屏的心理陰影面積。

校友在房間裡看書,她媽在廚房裡擇菜,我在客廳裡拖地,她媽與我自然而然地聊起天來。摸清我的基本情況後,她媽自動開啟了提問模式:「還是獨生子女呢,你爸媽怎麼捨得讓你來這麼遠的地方上學?好不容易放一回假,你父母也不想你嗎?我們捨不得讓女兒做家務,你在家也打掃清潔嗎?我家女兒早就被我和她爸慣壞了,你平時能多照顧一下她嗎?我們打算為女兒買間房子,你說沒個住處,爸媽不得心疼死呀?」

天吶,我什麼時候就成爹不疼娘不要的苦命丫鬟了?不

是只有您給您女兒的愛才叫愛，您也不見得就比我父母更會培養子女。別以自家為模板，一刀切地看輕別人，不清楚事情原委，不注重說話方式，不顧及別人的感受，您濃厚的家庭優越感能不能收斂一下？

　　每一個人的經歷和立場都有別人無法感受知曉的部分，你無法代替別人去過他們的生活，不能瞭解表面無奈背後的難處，不會懂得你伸手即得的日常是別人踏破鐵鞋也覓不到的夢想。所以，你沒有資格對別人指手畫腳。

　　仗著優越感俯視別人的人在生活中經常碰見，甚至習以為常，常在網路上發文的自己也應當常懷律己之心。

　　我認為能自省並警惕是個很好的態度，正如蔡康永在《奇葩說》中的告誡：「每個人有每個人的審美觀，每個人有每個人的成長歷程，我們每讚嘆一件事情，恐怕也就同時傷害了那些被忽視的人。」

3 · 停止使用既能發洩憤怒又能保全自己的雙重標準

　　誰都不是聖人，如果你真能用同一原則來對人待己，我也敬重你。但我發現很多人有雙重標準：向別人的錯誤扔石頭時喊爽，自己的不足被人扔時喊痛。你怎麼不將心比心地想一想，你扔別人時人家也在流血？

　　我認識一個女性朋友，當她看到六十好幾的婚紗女王王薇

薇和小她三十六歲的奧運花式滑冰冠軍萊薩切克拍拖時，心裡
對婚紗女王的崇拜之情溢於言表，滿心羨慕。

可當她聽說四十多歲的伊能靜與小她十歲的秦昊的婚訊
時，我聽到她說了不少女人老後男人出軌之類難聽且粗糙的惡
意評論和人身攻擊，甚至看到她在微博上 tag 伊、秦兩人對他
們的婚姻消極地唱衰。

她看待國內外的姊弟戀是如此不同，用一句王小波老師品
評作品的話說：「對外國人的作品，用藝術或科學的標準來審
評，而對中國人的作品，則用道德標準來審評。」兩者異曲同
工。

這位女性朋友的故事還有一個歐・亨利小說式的結尾，當
她被小她幾歲的男生追求時，明明喜歡卻不敢答應，生怕被周
圍的人議論。

貌似此時你占領了道德高地，殊不知風水輪流轉，當自身
淪落到道德窪地後，照樣希望別人對你滿懷善意吧。

所以，客觀地看待事情，理性地發表看法，得體地給出建
議，如果你做不到，至少可以寬容一些。

或許有這種情況，當你遇到一個來者不善的人時，他們很
有可能在遇見你之前就已經遇到許多糟糕至極的事情了。

女為悅己者容？
不！女為悅己而容

　　我看到網路上有種說法，相親當然得男士付錢，因為美女自帶燒錢屬性，更何況美女還為你又洗頭又打扮又搭配，男士好意思跟女士玩 AA 制嗎？

　　我細想覺得這不太對勁。拿我來說，就算不去相親或約會，而是和女友簡單吃個飯，甚至自己出門或在家，也會又洗頭又打扮又搭配。我是那種秉持「女為悅己而容」而非「女為悅己者容」的人，不會把自己打扮的經費算在別人頭上。

　　我不主張女人僅為悅己者容，為狹義上的特定人士而容，大多吃力不討好。女人得弄清男友的品味，迎合老公的審美，忍受「容」不由衷的違心。

　　女人幹麼委屈自己去填他的喜好的無底洞？幹麼總讓他的認同優先於自己的傾向？他希望你是什麼樣子，你就打扮成什麼樣子，說不定到頭來弄巧成拙，塑造了一個猶疑、扭捏、不

自然的自己。

　　為廣義上的大多數人而容，你也無法討好所有人。有人認為效仿範本或聽從專家的建議就能符合大眾審美，於是將明星髮型移到自己頭上，看到網紅爆款就果斷下單，對美妝達人的妝容照搬不誤，可是以上這些東西到底適不適合自己？

　　別再說時尚人士術業有專攻，就算他們更懂潮流趨勢，更懂款式設計，更懂色彩搭配，但絕對不是更懂你，只有你才知道取悅自己的正確方式。

　　有項「為悅己而容」的權限，為什麼你要擱置起來不開通？當你在滿足對人基本尊重的前提下，按照內心的意志來打扮自己，那種神采飛揚、自信瀟灑的氣場反而更加吸引人，而且吸引的都是欣賞你的真實特質的人。

　　有個著名設計師曾狠狠誇過法國女人：「每一個法國女人穿時裝都是為了取悅自己的身體，與流行趨勢無關。」儘管那是一個引領潮流的國度。

　　有時候看女明星從當年的雷人造型進化成為如今的衣品風向標，得到時裝編輯的五星好評的同時，我嚴重懷疑明星本人是否喜愛並享受身上的衣著。畢竟外人只在乎你好不好看，沒人在意你穿得舒不舒服、你自己認不認同這身行頭。

　　相反，我現在開始佩服徐濠縈。不管媒體怎麼嘲諷或惡搞她的時尚品味，她始終一如既往地堅持著，不迎合，也不順

從。我漸漸從她那些涼鞋配短襪、刺激感官的撞色和誇張絲襪中，感受到了參差多態之美。

她從職業採購到時裝雜誌和時裝店的創始人，再到潮流設計師，親身演繹著對時尚的感知，執著地走著自己的路線，後來還被業界教父卡爾‧拉格斐選賞：「You look so chic!」（你看起來很時髦！）

可能有人會出來阻擋你為悅己而容，女人結婚生子後穿得鮮豔點會被指不安分守己，化個彩妝也被說長了一張不知檢點的臉。可有些女人真的很酷，對閒雜人等的意見一律屏蔽，堅持自我審美自治權，用自己喜歡的方式取悅自己的意識和身體。

懶得「容」，何以「悅己」？這個道理我在節假期間宅在家裡時感觸最深。如果起床後不洗臉、沒刷牙無精打采地窩在家裡，劉海油成條狀連自己都嫌棄，深色寬鬆的衣服也會讓我垂頭喪氣，這一天注定會像個被我咬了一口就想扔掉的爛水果。

而扭轉乾坤的妙招就是對著鏡子好好打扮自己一番，在輕音樂的陪伴下，敷個保濕面膜，梳個好看的髮型，換掉鬆垮的睡衣，賞賜自己一個貨真價實的微笑，你才能確保這一天的情緒和狀態扭虧為盈。

外表的優美能柔和心中的尖銳和焦躁，當你在「容」顏的

同時也在「悅」心。當你心情好之後，容貌更會發光，這彷彿打開了內心與皮囊互通的暗門。

「女為悅己而容」裡面的「容」，不只是簡單的服飾搭配、皮膚保養、妝容打扮、注重儀表等，還是透過外在儀式感的構築，讓內心獲得自我接納與肯定的滿足感。

瓊瑤說她每天在家裡寫小說時都會打扮得整整齊齊的，一寫就是一天。有一天她發現自己沒化妝，結果那一天狀態欠佳沒能寫下去。所以讀者僅透過閱讀瓊瑤的小說，就會感覺一股細膩溫婉的女子氣息撲面而來。

堂弟林宣爆料，其姊林徽因寫詩常在晚上，還要點上一炷清香，插一瓶插花，穿一襲白綢睡袍，面對庭中一池荷葉，在飄飄清風中釀製佳作。她還自戀地補了一句：「我要是個男的，看一眼就會暈倒。」

別人不必知道這些小小儀式感對你的深重意味，甚至你的一番意趣在別人眼中或許有無病呻吟或矯情做作之嫌，但隸屬於自己的此時此刻的美好，不足為外人道也。

別人悅不悅，取決定於別人，是個變量；而自己悅不悅，取決定於自己，是個常數。變量難求，常數易得。

我打扮一番，並不是為了獲得垂青，因為與今天的藍天白雲相得益彰；我穿上新衣，並不是為了賺回頭率，只是此時此刻陽光正好微風不燥；我為己而容，並不是為了取悅他人，我的心情遠比別人的看法更重要。

女不為悅己者容，要為悅己而容。我悅著自己，別人愛悅不悅。

看不慣你那
「得男人者得天下」的樣子

前同事組了個飯局，我們以前同部門的幾個女孩自發聚在一桌，興高采烈地聊著後來的境遇。

大家聊著聊著，話題聚焦到當時的業務大鱷 L 身上。她銷售能力傑出，職場禮儀出色。我還記得主要負責中東市場的她，開創性地拿下了當時處於戰亂中的阿富汗的訂單，僅憑此單的抽成繳個房子首付不成問題。

在場的一個女孩說 L 辭職創業了，辦公室後來搬到國貿附近，社交軟體的照片像極了商務英語教材中的插圖，招人廣告出現在網頁的「名企招聘」區裡。

這時一個煞風景的聲音突然冒出：「L 還沒結婚吧，她也三十好幾了吧？不嫁個好男人，事業再好也白搭。這女人吶，男人才是一生的歸宿。」

說這話的女人，聽說早已賦閒在家。她無視附和者寥寥的

局面，故作無心地擺弄著無名指上的鑽戒，然後趾高氣揚地誇她老公多有能耐。

自己不去想怎樣掙得屬於自己的天下，這人卻天真地以為得個男人就得到天下。天吶，我真看不慣她那「得男人者得天下」的樣子！

別以為現代女性早就不吃「得男人者得天下」那套封建後宮思維，其實有這種思想的女人不在少數。

在她們眼中，男人有治病療效，「肚子會痛經？結婚就好了」；男人能授人以漁，「不會做家務？嫁個男人就會了」；男人是株搖錢樹，「嫁個有錢男人，然後妻憑夫貴」；男人是顆轉運珠，「好的婚姻，是女人的第二次投胎」。連男人自己都萬萬沒想到，他們居然可以那麼萬能。

有一類女性，剛開始也是深挖自我、銳意進取，自強不息地透過學習和事業來實現階級躍層。可她們的出發點和落腳點，居然是僅想結識權貴圈子裡的異性，憑藉婚姻來改變人生。

她們的出發點是那樣我想得通，但對落腳點還是那樣就感到納悶了。難道她們在深挖自我、銳意進取的進程中，就沒有發現另一個比「得男人」更閃耀、更廣袤的天下嗎？

我見過女網友在社交平臺的個性簽名，「女人的才智有兩種用途，不是輔助你的男人，就是忘記這個男人」；我讀過女寫手引用所謂的經典語錄，「男人透過征服世界征服女人，女

人透過征服男人征服世界」。

　　這樣的人張口閉口都是男人，自以為在口吐金句，實則惹人口吐鮮血。我覺得一個女人的悲哀在於，誤把長久進化來的才智拿去大材小用還沾沾自喜；誤把征服一個征服世界的男人，當成自我價值的最終實現。

　　據我分析，有著「得男人者得天下」這種思想的人，一般出於兩個原因：

1・假裝自信的自卑，這是一種精神上的狐假虎威

　　她們也羨慕財務自由、生活繽紛和事業成功的出色女性，但明知自己缺乏能力或者本性懶散，無法透過自身奮鬥獲得別人那樣的精彩生活，好在自己的老公現成的奮鬥果實可以拿來撐場面。

　　她們掩飾自己「手低」的最佳策略，就是裝作「眼高」地暗諷事業型女人，擺在檯面上的特質都無法攻擊，只能瞄準沒結婚或婚姻不幸這個命門下手，隱約中流露出一種「你們還得親自上陣打拚，我可是得來全不費工夫」的優越感。

2・就近一致的無知，這是一種世界觀的去蕪存菁

　　事業忙碌的女人沒空透過閒言碎語來傳播自己的觀點，只

有閒著沒事幹的婦女有大把時間講家長裡短。聽得多了，懶得思考和缺乏體驗的女人傾向於把天天聽到的雞毛蒜皮的事當人生常態。

身邊閒人不懂得事業給女人的能量，坐在一角冷笑道：「做那麼好幹麼？嫁得好不就行了」；年長親戚不懂得興趣對女人的滋補，站在一邊乾著急：「瞎搗鼓有啥用？家庭才是第一位的。」而且她們都有種尼采說過的「那些聽不見音樂的人，認為那些跳舞的人瘋了」的偏執勁。

美劇《紙牌屋》第三季中，弗蘭克到了競選下任總統的衝刺階段，作為刷票神器的妻子克萊爾到最後時分竟然稱病不出席競選活動。絕大多數觀眾覺得克萊爾太做作，等弗蘭克當上美國總統後，她不也能風風光光地繼任第一夫人嗎？

對喪失自我這件事很敏感計較的克萊爾，不甘心只做總統背後的第一夫人。雖然也質疑當時她的能力配不上野心，但是我深深覺得，有不傷天害理的野心比一味退讓順從耐看迷人得多。

女人如果只把日常裡所有喜怒哀樂集中在面前這個男人身上，無論如何上升不到「格局」兩字上，而當把有限的精力分一些給情懷或理想後，整個人才會變得大氣硬朗，歷久彌新。

女人找個好男人的目的，是結伴同行，一起勘探僅此一生的精彩生活，而不是讓他成為你的經濟來源、物質保障、餘生夢想的接盤俠。你當然可以和他攜手共享他的日月星辰，但也

別放棄自己的以夢為馬。

　　別把持續獲得男人的寵愛，當作自己人生中唯一重要的待辦事項，一個女人的最高成就，是能夠把自己的美好由內而外地活出來，從這個角度來看，得自我者才能得天下。

　　我們期待心有靈犀的伴侶，嚮往互相扶持的關係，但就算我們最親愛、最優秀、最心動的那個他，承諾一輩子把我們捧在手心裡，仍然要熱淚盈眶，仍然要心如明鏡：不管是誰的手掌心，都太小了。

講真的，你們不覺得
情商太高的人很可怕嗎？

我早把修練情商列入人生規劃，但不支持情商愈高愈好。

每次看到情商高的人為人恰到好處，處世滴水不漏，常常把話題殺手製造的冷場面挽回時，再資深的後期，也難以表達出我的崇拜之情。

可是好菜也架不住天天吃，天仙也耐不住時時看。當朋友圈裡歌頌高情商的文章轉發率比中國出生人口性別比還高時，我心裡的叛逆因子按捺不住快要揭竿而起了。

所謂情商高，就是好好說話。情商高的人，能讓別人舒服也不讓自己委屈。情商低的人，到底有多要命？好吧，話都被你們說盡了，外延也都被你們拓展了。

可是回歸到學術定義上來，美國作家丹尼爾・高曼的經典暢銷書《ＥＱ：決定一生幸福與成就的永恆力量》是這麼說的：「ＥＱ就是情緒智力，是管理情緒的能力。」情商高的人的幾

點「公因數」為：

1. 在消極情緒出現時能管理自己的情緒反應。

2. 透過延遲滿足感和抑制衝動合理地利用情緒以達目標。

3. 對別人的感覺非常敏感。

　　有技巧地處理和影響別人的情緒狀態，從而達到建立或鞏固人際關係的目的。

　　「管理」、「抑制」、「敏感」和「目的」等字眼讓人看上去就不太舒服，所以就算享受與情商高手相處的時光，但「高情商」始終是被我排除在對別人的溢美之詞目錄外的詞彙。我總認為誇人「情商高」誇得有點缺斤少兩，少了些許真誠，多了一絲貶損。

　　以下，我要盤點高情商的「三宗罪」：

1 · 低敏感和高情商之間，我果斷偏愛前者

　　高情商的人之所以能有同理心，能將心比心，能說話前仔細過腦，能己所不欲勿施於人，原因就在於他敏感。敏感是種預知和領會別人感受的能力，是內心未經驗證的言行指南。

　　敏感是把雙刃劍，既是人際交往的潤滑劑，反過來又是自我戕害的小尖刀。於我而言，脫敏是目前人生序列裡的重點工程，所以寧願選擇低敏感，也不願意選擇高情商。

　　我時常想起小時候，爸媽兩地分居，那段時間自己要麼跟

媽媽住，要麼被爸爸帶著。

　　跟著我媽住她們教師宿舍時，我會被呵護得周到妥帖。但我發現她們私下的聊天內容，時常會細微地放大別人的感受。同事的一句評價、主任的一個眼神，都值得解構和挖掘半天，我感覺她們太擅長掂量說出去的話是否使人愉悅，對「弦外之音」的洞察力過度敏銳讓她們吃盡了苦頭。

　　而我爸爸帶我的時光就輕鬆多了。雖然他每次幫我綁頭髮都差點導致我謝頂，每次衣襟沾了油漬卻苦於沒有乾淨衣服換，但我超愛那種大大咧咧、瀟瀟灑灑的生活風格。和他們那幫口出狂言、心不設防的男同事相處，我感到愉快自在極了。

　　現在回頭想想，我得出「敏感之人多痛苦」的結論，他們習慣拿個天平對別人無意中說的話仔細稱量，總把假想困擾變成負面情緒的常規演習，有這樣一顆脆弱玻璃心的人注定受罪。

　　於是我一直努力讓自己的內心擁有正面意義上的鈍感力，追求叔本華說的「減輕對他人意見的高度感受性」，就算分寸感和心意解讀能力不怎麼厲害也無所謂。

2·情緒壓抑太多太久，是大爆發的前奏

　　以我一個俗人的眼光來看，人人都有七情六欲，除了認識的那個出過車禍、越過生死的客戶好像真的很超脫以外，所謂的情商高，或多或少在壓制或偽裝自己的情緒。不管是立場不

同的顧此失彼，還是人情練達的隱忍不發，你很難做到情商和心情雙贏。

我朋友 L 的太太在事業單位上班。有一次幾個老友攜家屬聚會吃飯，席間一個白目男拿剛跳槽的 L 打趣說：「職場新人 L，你太太現在的收入比你高不少吧？」

我已經明顯感覺到場子迅速冷卻下來。有些人情商低到逼得我好想去淘寶批發血滴子收拾他。

正當大夥兒拚命找地洞之際，救苦救難的 L 的太太發話了：「我們家當然是老公 L 在養家，因為他是納稅人吶。」

自此她登頂了我心中的情商高地，秀恩愛＋爭面子＋救場子，一應俱全，華麗收場。

因為投緣，我和 L 的太太成為了聊得來的朋友。對她愈熟識，我愈心疼她。不知是天性使然還是職業要求，我覺得她有時太壓抑了，工作上面對論資排輩的氛圍常常須強顏歡笑，依賴投票的晉升機制讓她不敢得罪別人，面子上、裡子都得兼顧，其實內心不像臉上笑得那麼開心。

一個不斷升溫卻沒有出氣孔的高壓鍋存在巨大的安全隱患，我始終認為永遠正能量滿格的人像發電機一樣只是個神話，正面有多大的光輝，背後就有成比例的陰影。誰都有負面情緒，每天細水長流地消解一些，總好過撐破容器後傷人傷己。

很多人說過幾句不合時宜的話，其實真不至於死於血滴子

之下，有時真情流露反而討人喜愛，而每分每秒顧全大局會讓人覺得不太真實、難以親近、有距離感。

3．太在乎別人的感受，會錯失自我提升的良機

過分看重別人的喜怒哀樂和一舉一動的人，簡直是把自己配角化，有那閒工夫不如好好專攻一下自己的專業。

以前看到八卦報紙上說孫儷因被偷拍家庭聚會而指著狗仔痛罵一頓，我還擔心她的事業之路被人抹黑，但人家把應酬媒體的精力拿去詮釋一個角色，拿去關愛自己家人，現在成為「人生贏家」的範本。而橫掃金掃帚獎的紅人，無疑善自黑、有魅力、情商高、會公關、粉絲多，但拿不出實力過硬的作品，終究只是藝人而不是演員。

諾貝爾生理學或醫學獎得主屠呦呦，據很多報導說她是個脾氣很差、人格有缺陷的科研人員，儘管提取青蒿素獲得廣泛認可，卻多年與院士無緣。她獲諾貝爾獎告訴人們，情商不夠智商來湊也是行得通的。再看公司新來的實習生，不好好研習業務，認為人脈就是第一生產力，最愛探聽同事及主管的八卦、雷區和喜好，爭當暖場小達人和緋聞百曉生，很多同事表示反對他轉正。

主觀關停別人的評論管道，自動屏蔽他人的起伏沉降，對自己超載的負能量定期去庫存，別把具備高情商作為人生唯一的出路，暫被貼上情商低的標籤也不會永世不得翻身，真等自

己做出一番成績,哪怕你情商不太高,別人也許也會改口誇你真性情的。

　　總之,別把缺乏教養當作氣場強,讓禮貌成為表達的自然屬性,你做到這兩點基本夠了,很多時候,丟失好心情和專業度去拚情商,過猶不及,慧極必傷。

懂得自娛自樂，才是真正的生活家

　　經過我眼和我心雙重認證過的生活家，並不是多麼講究吃穿用度的挑剔鬼，而是那些獨處時自己就能自然而然地把生活過得妙趣橫生的人。

　　這類人最大的特徵，就是有自娛自樂的精神，能輕而易舉地從冗長平淡的生活、工作之中脫穎而出。

　　在瑣碎的日子裡，獨自一人就是一臺多幕劇的奇葩朋友，全身自帶包袱讓人對每一幀都想存檔；連自言自語都用 B-box（節奏口技，是口技的一種形式）形式的逗趣老公，為我的生活平添海量歡樂。

　　在電視情節裡，《射鵰英雄傳》中，被黃藥師囚禁在桃花島地洞裡十五年的周伯通，竟別出心裁地自創出左右互搏術來消磨時間，金庸把他塑造成鶴髮童顏是有理論依據的；《六人行》中，錢德無聊時把客廳足球桌上的運動員玩偶逐一取名的諸多類似細節，奠定了他在劇中幽默擔當的地位。

　　寫下「我的心不是一條清靜的林蔭道，而是十字街頭啊」的朱自清，小宇宙豐盛地躍然紙上讓人按讚；賦詩「斯是陋室，惟吾德馨」的劉禹錫，在外流放二十三年仍苦中作樂不失天真。

　　誰的生活不是上下左右、東南西北都有掣肘？但能夠自娛自樂的人，沒太把消極影響放在眼裡，傾向於活在此時此刻，習慣把每一天當作節日來過，不僅自己過得樂趣盎然，也向周圍輻射輕鬆的氣場。

　　我極愛收集那些身上有自娛自樂特質或潛力的朋友，話說與他們相處，是一種怎樣的美好體驗？我舉兩例：

　　有一個週末，我和幾個新老朋友相約午間三小時包場 K歌。常駐麥霸因扁桃腺抱恙只能委婉地發揮兩句，場子淪為開著原音打發時間的無聊滋生地，有人出去打電話，有人出去買東西。我在洗手間裡照了一刻鐘的鏡子後，返回包廂，卻意外地看到包間裡只有小 α（充滿了希臘風情的命名方式，區別於司空見慣的小 A）。平時木訥少言的他妖嬈動感地唱跳著一首 S.H.E 的歌曲，順勢反串模仿起 Selina、Hebe、Ella 的唱腔和咬字，還跟著節拍跳起了 MV 上簡化版的舞步。

　　我在門口目瞪口呆地注視著自唱自演自跳得不亦樂乎的小α。透過這個場景，我彷彿看到了一顆堅硬樸素的核桃裡面那縱橫曲折別有洞天的溝壑，從此好友收藏夾裡又多了一個自己能見縫插針地玩興奮的主角。

還有一位願意透露姓名的女孩娉婷，是我大學選修專利課時認識的校友。老師上完課後鼓勵同學動腦筋申請專利，坐在我旁邊的娉婷拍了拍我，提議我們結對想項目。我愉快地答應下來。因為她太能自娛自樂，我倆迅速變得親密無間。

我們去逛商場，看到推著嬰兒車的媽媽面露倦意，她眼睛發光。「我建議嬰兒車可以改造一下，把下面的車輪換成滑板。這樣上面睡小孩，下面滑滑板，媽媽們省力又好玩。」又有一次去吃火鍋，同為近視眼的我倆往鍋裡放菜與肉時眼鏡起霧，她邊擦鏡片邊有靈感：「我想到我們可以發明一種火鍋專用眼鏡，增加一個像汽車雨刷那樣的小裝置，就叫『霧刮』，可謂火鍋店近視族的救星。」

她沉浸在自己腦洞大開的小世界裡怡然自得，一個不那麼盡善盡美的人間，被她的想像力打扮得搖曳生姿。

不管旁人在或不在，她都是個鬼馬新奇點子咕咕往上冒的創意起搏器，習慣用發現美的眼光為黯淡生活做透析，下意識地從日常瑣事中提取創意。其實我們大學四年光說不練也沒什麼發明創造，可是她那自言自語、自得其樂的天真勁，著實驚豔了我的大學時光。

會自娛自樂的人可愛極了，並且他們還讓生活本身也變得可愛起來。

他們自己一個人的時候，不會被孤獨或無聊淹沒，很可能

自己逗哏自己捧，哼著小曲在廚房裡研發美食，拿出日記本安靜地連寫帶畫，跟隨音樂節拍對鏡亂舞，穿成風景去和大自然比美，乘物以遊心是生活的常態。

　　與別人相處時，他們也會見縫插針地自娛自樂，腦中突然冒出一個笑話，還沒講出來自己已經笑趴；朋友的話題給個線頭，他們能織出一件華服。我感覺所有的笑點，都是衝著他們的面子來的。他們的自娛自樂區別於自嘲自黑，比起貶損自己逗樂別人，他們更善於取樂自己，感染他人。

　　我試著對原發性自娛自樂的朋友們進行一個簡要的歸納分析發現：

　　自己先有有趣的體質，再把好玩的人和事強力吸引到身邊；他們的心情是自己的內政，別人無權干涉，在身體周圍好像有層抵禦枯燥乏味的保護膜，能條件反射地把負能量隔離在外；他們的樂趣可以自行循環開發，很少被外物劫持，他們清晰瞭解體內愉悅系統的運行程序，用別人難以解碼的方式讓自己保持或恢復好心情。

　　說到底，熱愛生活的他們怎麼捨得好生活被狗啃了？

　　懂得自娛自樂的人，能確保快樂來得很簡單、很直接、很原裝，這是一個生活家的基本素養。

不懂釋懷，皆為困獸

一個人不能用不快樂的方式來達到快樂的目的。

所以就算那些吵著「我就是要嫁得更好，好讓前任後悔去吧！」「我就是要爭一口氣，證明老闆當時瞎了狗眼！」「我這次要出盡風頭，誰讓他們曾經看不起我。」害怕在別人眼裡顯得不成功不圓滿的人，都實現了當年的願望，我也不覺得他們心裡能好受到哪裡去，除非在自我進步中一點一滴地釋然。

自己變得更好，直接受益人永遠是本人，如果你的幸福感需要從別人羨慕嫉妒恨的眼神裡獲得，那你不是真正快樂。

有些貌似很勵志的話會給人很強的代入感，比如 KTV 的必點曲目的其中一句歌詞：「冷漠的人，謝謝你們曾經看輕我，讓我不低頭，更精彩地活。」再比如社交網站上的爆款簽名：「我禁得住多大詆毀，就擔得起多少讚美。」

難道我們普通人中，有童年陰影或人生坎坷的那麼多嗎？為什麼有人總覺得別人總是幸災樂禍地盼著自己不好？誰的生

活這麼清閒，誰的人設這麼無聊，生下來是專門來對別人冷嘲熱諷，進行詆毀和傷害，用此等陰暗的方式來激將別人臥薪嘗膽抵達人生巔峰？

不排除生活中難免有些低素質、零口德的人，人家敢上刀子嘴，你還在這裡玻璃心呢？幹麼讓別人的評價成為你的心情風向標？他若把你含在嘴裡，你要把他放在心裡嗎？能不能惜命一點，你要為這種人搭上自己的內分泌系統嗎？

可能真有懷揣陰謀的人，當你咬牙切齒地戰勝所謂的陰謀家後，自己會不會也對別人置若罔聞，愛搭不理？變成自己當初憎惡的原型有何樂趣？尼采提醒過，與怪獸搏鬥的人要謹防自己也變成怪獸喲。

我理解把自己的處境營造出一種末世悲壯感，更加容易激發鬥志，但其實我們終將醒悟：努力，終究是給自己看的，別人可能壓根不在乎。

自己努力，當然是為了實現目標，才不是為了在別人眼中顯得毫不費力。不要讓偽目標模糊了目標本身，你沒必要輕易被周圍人的看法交叉感染。攜帶戾氣的努力就是報復，就算實現夙願，你也會丟失初心的快樂。

有人說，報復一個人最好的辦法就是過得比他還好，可是你時時刻刻想著要過得比他更好，本身就不可能過得有多好。

師夷長技，是為了「以自強」而不是「以制夷」。

　　我大學的時候，天天早起和宿舍的學霸一起去草坪上朗讀英語，學霸的初戀就誕生於這片草坪上。有一天隔壁班的男班長來給學霸推薦上海中級口譯，兩個人決定結成拍檔共同備考。

　　後來他倆在我們的祝福聲中成為了男女朋友。兩個人都以高分成績通過筆試，在準備口試的過程中，男班長突兀地提出分手，我的室友回來後病了好幾天。

　　後來她得知男班長當時因另結新歡而與她分手，才強行振作起來。自此以後，她拉快成長的進度表，看美劇用書本擋住下面的字幕練聽力；懶得護膚的她開始一週敷兩次面膜，睡前雙腿垂直貼在牆上十分鐘；有事沒事她就舉小啞鈴優化手臂線條，每個夜黑風高的夜晚去操場跑步。

　　後來她考上了名校研究所，我們幾個好友出去幫她慶祝。席間情緒起伏，感慨起四年的大學時光，眾人一致覺得她的變化最大。她通過了上海中級和高級口譯，考入最嚮往的大學讀研究所，體貌特徵和衣品氣質大幅提升，人更有自信，笑容更甜，生活更有情趣。

　　我問其原因，她直指那段無疾而終的初戀。她承認當時振作起來就是賭氣地想讓對方知道，沒有他，她一樣活得精彩。可後來自己的生活隨著故作精彩而真正變得精彩後，她豁然開朗，甚至感謝那個最初以傷害形式侵入的轉折點。

　　我慶幸她的大格局沒容許她的努力是為了證明自己比前任

的女友更優秀；我欣賞她的好心態讓她把安放在前任身上的時間及精力潛移默化地轉向自己；我佩服她的大智慧沒讓她為了招人待見做不招自己待見的事；我感謝她的經歷為我們演繹了師夷長技以自強比師夷長技以制夷無敵多了。

「真正的高貴，是優於過去的自己」，不必非跟別人較勁，我們歷來被錯誤地教導「吃得苦中苦，方為人上人」，好像吃「苦中苦」是為了當「人上人」，但這是一種租賃給別人的心情，一種與別人攀比的好勝，一種經別人認證的快樂，沒有心底的從容與平靜，表面上是「人上人」，實際上只是「人下人」。

想到一切努力都是為了自己，我們還有什麼耿耿於懷的？

真正的有心人，
才不在乎會不會被功夫辜負

幾年前的某天我在書店挑書，看到二〇一二年《新周刊》年度合集的封面標題是「做點無用的事」。儘管那是自己深愛多年的雜誌，但我在內心深處還是對著這個標題翻了個旋轉720度的白眼：這一地雞毛的現實，誰有空去做無用又那麼奢侈的事情？

現在我早已改觀，自己內心真正熱愛的事未必有用，但這是對抗一地雞毛最有效的獨門暗器。

人們常說功夫不負有心人，可是我見過真正的有心人，根本不在乎會不會被功夫辜負。

真正的興趣會讓人想守住一片淨土。

大學時我們班有個來自延吉的男生，長得像韓國人，方言講朝鮮語，迷街舞迷到痴狂。他普通話不太好，日常交流略顯吃力，是個靦腆的羞澀男孩。

　　有一次我陪室友去練舞室，看見這位延吉男生在教我們班的幾個同學跳 locking（鎖舞）。他逐一糾正完同學的姿勢後，播放舞曲連貫地即興跳了一段。羞澀男孩瞬間有了巨星範兒，一串快速流暢的動作突然在某個節點停頓，一個小幅度的 wave（指波浪一樣的動作）從小腹傳遞到頭部，身體靈活得像個上了發條的玩具，我的眼神像是被抹了膠水似的移不開。

　　延吉男生愛街舞愛到了骨子裡，生生教會了幾個毫無基礎的同學。他們組隊到處參賽，後來變成了拿獎專業戶。但大三那陣子，他獨自回歸練舞室，謝絕參加比賽和活動。

　　有一次我和他聊起天來，他說被他教會跳舞的同學，有些已經開班授課，有些承接商演活動，而他只喜歡為喜歡跳舞而跳舞，與志同道合的舞伴一起跳，很多雜念摻透進來以後，興趣會失真，變得不可愛。

　　當你專注於鍾愛的興趣時，你會盡量保持它的純潔和簡單，捨不得被功利心和目的性帶偏。

　　只有內心持續沸騰才是堅持之道。

　　不得不做的事，我們總得咬牙切齒地堅持，喜歡做的事一想到就會綻放笑容。

　　我第一次見我婆婆時，她說她很愛繡十字繡。那時我看著揉搓眼睛、按摩頸椎的婆婆，忍不住提醒她多注意休息，別累壞身體。

　　當她在我眼前緩緩展開捲成軸的〈清明上河圖〉十字繡時，我目瞪口呆地觀賞著這幅十多米長的畫卷：古色古香的建築，不計其數的小人，令人嘆為觀止。

　　我定睛看那些小人，最大的還沒有一個指節高，頭髮、皮膚和衣服的顏色都變化多端，能想像換線繁雜難度大；逛街、駐足和聊天的人物造型都各不相同，能斷言傷眼費神技術高。

　　這幅耗時快三年的十字繡是婆婆爭分奪秒、見縫插針地繡出來的，多次進出展覽館，有港臺的商人想高價買走，婆婆堅持留作紀念。

　　我結婚以後，有一次和婆婆單獨在家。我在看書，她在繡十字繡。我抬頭偷看她一眼，見她眉眼舒展，臉頰微紅，專注用心，氛圍美好得匪夷所思。

　　她跟我說過，十字繡其實很簡單，可是她繡了很多年，從不膩煩。生活難免有煩躁瑣碎的時候，但只要她手上拿起針線，心裡就平靜如水，就算不痛快，繡上一陣就喜悅了。

　　你的熱愛潤物細無聲地重塑著你的人格。

　　對看書寫字這件事，我是發自肺腑地熱愛。

　　我初中利用上課和業餘時間，寫了整整三本奇幻小說。我在班上還有固定的鐵桿讀者，我們一起熱火朝天地研討情節走向，在當紅演員中為小說選角，這些趣事簡直讓我的整段中學生涯過得非常愉快。我至今記得有位同學在同學錄上給我留

言，希望以後能讀到我寫的小說。

出版小說這個想法連我都覺得不切實際，但它潛移默化地改變了我的性格。

比如我養成了體驗型人格，常常自我設定一種積累素材的使命感，隨時隨地像個記者般觀察、體會、辨別、思考，彷彿有人等著我去前方發回報導。

因大學同學有個在地女生說她家長輩重男輕女，於是假期的社會實踐，我就做了當地居民的生育觀的調查；大學時聽某個同學說起在義烏小商城的見聞，於是我就隻身跑去那裡找份實習工作見識貿易方式；工作後有一次逛博物館看到一個志工挺快樂的，於是我打聽報名方式有空也去館裡志願做個講解員。

出版小說的想法還發酵出我蓬勃的好奇心，遇到新鮮事我會條件反射般開啟十萬個為什麼的提問模式。我記得我原先也不愛說話，可能想探聽別人的想法所以必須溝通，在不知不覺間變成話癆。

我第一次使用快車服務，和司機就註冊流程、生意情況、盈利狀況等問題展開深入交流；去咖啡館聽到好聽的歌曲有時會去問店員要歌名；在商場看見 VR 體驗空間，會戴上設備體驗一番後回來查閱相關的原理和前景。

我愈來愈覺得，充滿好奇心和求知欲，從長遠來看，是人生的一種獎勵機制。別人眼中的「不務正業」是我最大的喜樂

發源地，別人嘴裡的「少走彎路」在我看來也會錯失風景。

　　人的發展與提升，不是因為愛就是因為怕，我願意自己屬於前者。

　　現在我理解了傻乎乎拒絕名利回報的延吉男生，理解了眼痠頸椎疼仍然愛十字繡的婆婆，理解了開著火鍋店賺錢出專輯補貼夢想的薛之謙，理解了當初選修書法時也沒想過以後可以用在蘋果電腦設計上的喬幫主，理解了有些人在物欲橫流的時代仍然做著討好自己的無用之事。

　　真正的有心人，功夫會不會負自己沒那麼重要，他們不捨得放棄伺候興趣的歡欣，像個不擔心顆粒無收的無畏少年。

好的感情永遠後來居上

我想致總忍不住想「劣質前任」的人們一句話：「舊的不去，新的不來。」

我覺得「劣質前任」有兩種情況：

第一種是對方在戀情開始之初就動機不純，甚至使用欺騙的手段進入感情。就像長沙小夥子同時交往十七個女朋友，生病時被包圍探望而慘遭穿幫。要是我是這十七分之一，壓根不會承認我曾是他的女友，連法律都規定了因重大誤解訂立或顯失公平的合約是可撤銷合約，更何況存在詐欺、損害別人利益的合約，根本就無效嘛。

第二種是這段戀情塑造了一個更加差勁的自己。也許你倆都是好人，可在一起時總是激起彼此心中最差的人格和最糟的情緒；也許對方身上確實存在你無法長期接受的缺點，讓你在這段關係中沒有安全感和愉悅感；也許你倆剛開始情投意合，

隨著瞭解和相處，對方對你暗生嫌隙，直到另覓他人。

　　當在微博上看到虎掰掰的那句「總是忍不住想前任怎麼辦？你值得更糟的」時，我果斷按讚後，連帶將自己仿寫的那句「總對劣質前任念念不忘會怎樣？你值得最糟的」私訊發給了讓我心疼的失戀女同事。

　　該女同事因男友腳踏兩隻船而長期深陷情傷之中無法自拔，調動自己所有的感官來感受痛苦，每天帶著一雙哭腫的眼睛來上班，眼睛無神、皮膚無光、身體無力。無論周圍好友好說歹說，也沒能助她早日走出失戀陰影。因窮盡個人畢生所學的安慰詞庫也無濟於事，逼得我不得不採取激將法。

　　既然你已經失戀了，就不要再「失臉」了。請停止你的無效傷心，請無節制地自我珍惜，傷害自己不能報復別人。別人若是在乎，哪捨得你這般傷心？如果說你和你愛人由於不可抗力而不能相愛相守，或者你愛人為保護你而致傷致殘，就算你痛苦一萬年我也覺得情有可原。

　　可是為了一個人品糟糕、用情不專的男友，你喝醉一次、咆哮兩回、痛哭三聲，走個傷心的形式就差不多收場得了，一場曠日持久的過度自我消耗是什麼路數？早日看清真相，長痛不如短痛，這已經是命運給你的善意劇透了。

　　有的人非得拿著美圖秀秀美化前男友，非得拿他忙到沒有時間來為他辯護。拜託，工作狂賈伯斯推掉會議也要去和心儀的女人約會，革命家孫中山忙著推翻清朝政府都有時間找對

象，認清事實從不再自欺欺人開始。

你該掐停行進中的秒錶，起身收拾殘局，不能老是對著曲終人散的舞池不願醒來啊。

Trouble is a friend（麻煩是朋友）不叫慘，但你是自我困境的 trouble maker（麻煩製造者）的話，那才叫如假包換的慘。

當你失掉一個劣質前任時，由內而外地調整好狀態，才是迎來優質現任的充分條件。

我家有位私交甚好的鄰居阿姨，是位體面優雅的中學教師。可一夜之間，一個濃妝豔抹的年輕女性上門叫囂，滿口「是你先看不住你老公，現在你得成全我們」之類的汙言穢語。原來鄰居老師的老公早已出軌，小三都顯懷了。

她老公去意已決，搬走東西那些天，老師請假在家，渾身癱軟，失魂落魄。我媽下班回家做了飯給老師送去，連續幾天看著老師悵然若失、萬念俱灰的樣子覺得悲憤交加，當即幫老師挑選幾張好看的照片，週末生拉硬拽著老師去婚姻介紹所填寫申請資料。

沒過多久，有位適齡的優質大叔追求老師。大叔心疼她、安慰她、開導她、欣賞她，一份克制的溫情加上時間的考驗，老師和大叔終成眷屬。

後來某天老師來我家喝茶。因我媽居功般調侃她氣色好得

出奇，她釋然地坦言，剛離婚那時真是十分難熬，懊惱自己無法生育導致前夫變心，成天怨天尤人，意志消沉。

幾句話帶過後，進入對大叔的表彰大會，快四十歲的她竟似少女般嬌羞，說和大叔在一起後，才知道每天下班有個人在校門口等著接她有多驚喜，每次被遷就口味有多知足，每天出門前被讚「你真漂亮」有多竊喜。以前她前夫對她哪裡有這份心思？現在夫妻倆時時有說不完的話，恍惚間覺得相見恨晚。

於是，領到感情津貼的老師語重心長地總結了一句：「好感情都是後來居上的。」

好樣本對壞樣本的覆蓋，使鄰居老師的生活重新透出亮光來。事後她前夫和小三鬧分手後，還來向老師求復合的結局我們已經不再關心。

看過彩色電視機，誰還想看黑白的？

楊絳在錢鍾書去世後依然留守人間打掃現場，沒想過重新找個老伴安度晚年，我覺得她懷揣著曾經的無數回憶已經足夠對抗餘生了。

而如果你因為一個對你不走心、不上心的人，毫不吝嗇地冷落並喪失自我，拿自身的墮落，當作那個傷害你、玩弄你、拋棄你的人炫耀自身魅力的素材，我只會為你拿一個錯誤去抵抗另一個錯誤而深感惋惜。

別人因為「曾經滄海難為水，除卻巫山不是雲」不願再愛了，而你因為「明知天涯有芳花，固執單戀一枝草」不會再愛

了，放不下一次充好的感情過期票，就錯失了體會高品質愛情的入場券。

　　就算你這輪明月無奈照了一回溝渠，也萬萬不能收起光芒變得黯淡，不然還怎麼邂逅與你相配的星辰大海呢？

什麼樣的女性
最容易被人稱呼為「女的」？

我生怕自己被「女的」這個語焉不詳的詞語指代。

我傾向於提及一個女性名詞的時候，能有與之對應的形容詞，比如粉嫩剔透的女嬰、童稚十足的女孩、亭亭玉立的女生、成熟優雅的女人、英姿颯爽的女俠、女人味直逼丹田的女神、巾幗不讓鬚眉的女強人、個性豪爽不拘小節的女漢子……

所以，「女的」這個詞未免太過草率糊弄了，除了點明性別以外，其他都是一筆糊塗帳。

什麼樣的女性最容易被人稱呼為「女的」？經我觀察，客觀如女孩和女生，主觀如女神和美女，個性鮮明如女強人和女漢子，都不隸屬於「女的」的定義範圍。也就是說在女性這個集合裡，透過各種風格和特點的過濾網層層篩選，最後沒被認領的就是「女的」，就是那些面目模糊荒蕪、對生活逆來順受、缺乏辨識度、沒有自我性格特點、舉止動作粗俗、內心世界蒼

白憔悴的「女的」。

　　「女的」在我眼裡是個貶義詞。生活中我們難免在不便細分的場合或被語感欠佳的人稱呼為「女的」，但如果被人在心裡如此認定，甚至連自己都無力辯駁，那還真是大事不妙。

　　女性的起點始於女嬰，讀書前大家都是小女孩，讀書後大家都被統稱為女生，可步入社會後，不同的內在和外表會把你引向不同的陣營，甚至之前一些濫竽充數的「女的」也現出原形。

　　很多人可能會以為只要女性化，就可以避免被稱為「女的」，非也。以下，我來試著分析一下到底什麼樣的女人會被定義為「女的」。先從外在開始，外表女性化的女人就一定不是「女的」了嗎？

　　我覺得不一定。有時女人就算生了一張風情萬種的臉，長了一個凹凸有致的身體，配了一副甜到讓人起雞皮疙瘩的嗓音，第二性徵的表達再突出，但不幸性格和素養方面有重大缺陷，照樣會淪為「女的」。

　　女人的美是參差多態的，外表不必侷限在女性化的範疇裡。比如超女李宇春身上精準糅合了陰與陽、力與美、先鋒與保守的特點。帥氣倜儻、張力十足的她，藉女人之軀詮釋著英俊硬朗之氣。

　　再比如具有雕塑感的英國女演員蒂妲·史雲頓，是超越肉

身直驅精神的存在，金髮雪膚，線條嶙峋，長相更被神來之筆描述為「一種抽象、唯心、形而上的形貌」，看上一眼就攝人心魄。她們都以突破常規的魅力延展了性別審美。

外在屬柔或屬剛同樣不能成為分界線，但心無主見地不管外在，甚至連衛生情況都不拘小節的女性，很有可能在「女的」這個待定區裡。

然後我再說到言行舉止層面：公共場合大聲嚷嚷、沒有公德心的粗俗女性是女的；上車時力阻眾人「一婦當關，萬夫莫開」的擠車大媽是女的；用搽著貴婦口紅的嘴巴造謠生事、誹謗他人的長舌婦是女的。這些粗俗化的言行讓別人不知如何稱呼她們是好，只能用「女的」這個性別屬性稱謂來統稱。

言行舉止透露著一個人的內在氣質，有人說女性一旦有了媚態這種東西，就會讓人像是暗中受到籠絡而不自知。我承認優雅溫柔的女人是美的一個分支，但爽朗灑脫和風骨錚然更是。

所以，屬陰或屬陽的舉止、氣質與是不是「女的」沒有必然聯結，但不文明、沒教養、很沒種的女人，就一定是「女的」。

最後壓軸的是思想內核，我常常會對著一些文壇女盟主的照片端詳很久，蘇珊·桑塔格被病痛折磨的容顏、莒哈絲備受時光摧殘的臉，看上去算不得多讓人驚豔，但在思辨和知識領域裡添加了原創標誌的她們無疑演繹了女人的極品美感，聰明

果真是一種新形式的性感。

　　自我意識是思想範疇裡的濃墨重彩，如果你斷了「自我」這根弦，再怎麼拚命揥飭到妝容得體、美甲繽紛、華服加身，頂多在「女的」前面追加一個「花瓶」之類的定語。

　　香奈兒有句告誡：「你可以穿不起香奈兒，也可以沒有多少衣服可供選擇，但永遠別忘記一件最重要的禮服，這件禮服叫自我。」自我是比奢侈品更奢侈的東西，衣服尚且如此，對整個人而言更是如此。

　　堅持用自我意識當作行為驅動力的女人，能從這個點散發出專屬的外在表達和內在氣韻，呈現出自己的勃勃生機和氣象格局，這時的你才是獨一無二的，甚至擴展了現存女性的已知分類。放心吧，「女的」這個戳無論如何也蓋不到這樣的你身上。

　　被人稱為「女的」，我會很不高興。因為除了性別之外，我還想向外界傳達些其他特質，不願只是個「女的」。

有禮貌的女孩運氣不會太差

憑什麼別人運氣比你好？為什麼受傷的總是你？也許只是因為你是個禮貌低保戶。

最近我朋友一臉疑惑地問我：「知道什麼叫千里之堤潰於蟻穴嗎？」

我聽她娓娓道來。

為拿下日本某大型連鎖便利商店的一塊業務，他們整個部門從優化生產線到準備宣講會，各種抱團加班、做足分析、通宵策劃。日方代表也表現出濃濃的合作意向，可是在最後擬定簽合約的會議上，卻藉故終止了進程。

部門上下的人排查出的原因竟是開會那天，部門經理大大方方地接了四通電話。據細心的在場人員說，經理多接一通電話，日方代表的臉色就更臭一些。

日方代表不願意和這類禮貌餘額不足的人合作，或許是由於朋友的公司經理當眾接電話顯得不夠尊重，缺乏誠意，商務

禮儀差。

這既在情理之中，又在情理之外，當然對合作未遂的原因我無從考究，但是真心想說：禮貌遠比想像的更重要。

我發現身邊不乏禮貌貧困戶，有時他們的言行真讓人快氣得腦充血。反面教材信手拈來：地鐵上相擁的情侶旁若無人地接吻，親出水牛蹄子從爛泥裡拔出來的聲響；在擁擠的公車上給孕婦讓座，對方覺得這是你應該做的，連句謝謝都不賞賜；遞過手機給朋友看某張照片，別人竟落落大方地把整個相簿都閱覽一遍；去商場買東西，無視店員的熱情招呼，挑貨時東翻西找，迅速製造出一片狼藉的場景後消失不見……

缺乏禮數的人，儘管暫時沒被黃牌警告、紅牌罰下，那只是暫時沒被裁判吹哨而已，別忘了還有邊裁和電子眼，更有海量觀眾圍觀。

溫良恭儉讓會給自己省很多麻煩。

前段時間我去辦理遷戶口，沒少聽過來人吐槽，不是資料不齊來回跑，就是辦理人員臉太臭，因此做好了受罪且糟心的心理準備。

我在網路上查找了所需準備的資料，有問題提前諮詢服務熱線。現場排隊時，我站在黃線外候著。我前面的兄臺上去就劈頭蓋臉地塞去一堆資料，很不耐煩、語氣生硬，和窗口人員糾纏許久，然後煩悶離場。

　　輪到我時，我微笑、頷首、敬語一應俱全，按照辦理要求依次擺好資料，雙手遞給工作人員，對方同樣客氣且麻利地回應我。我有一個證件忘記帶影印本，工作人員順手就幫我影印了一份，一次性通過，馬上搞定。

　　面對一朵向日葵般的笑臉，誰忍心伸手出拳？溫良恭儉讓，也能給自己省麻煩。

　　有「禮」走遍天下，禮貌能減少很多生活中的摩擦，叫車時，你帶幾個「師傅」的前綴和「謝謝」的後綴，基本能保證一路輕鬆融洽；飯局中，敬酒時酒杯低於對方，不強行勸酒，大家以後更互有好感；訂餐時，你禮貌問好，見機行事地使用「請」、「麻煩」等字眼，說不定上菜速度更快，還能多幾塊肉咧。

　　當然，我不是說要圖點什麼才故作有禮，其實整個交往過程中自己獲得的好心情可比回報本身重要多了。

　　人生就像一面鏡子，自己的態度和舉止，最終都會返回自己身上。現實中的常人，請收起你那張冷臉，如果總是黑著臉冷漠地擺高冷姿態，誰願意拿自己的熱臉貼別人的冷屁股？

　　有禮貌的女孩就是幸運女神。

　　禮者貴乎誠也，我拿我特喜歡的女孩舉個例子。她是我在深圳工作時認識的同事，禮貌得體、不卑不亢，是我準備以後給我未來的孩子大說特說的經典案例。

　　我給她發郵件，禮貌周到的回信讓人心生愉悅；和她打電話，熱情輕快的問候讓人感覺舒適。她常常掛著一張見牙不見眼的笑臉，與走道上邂逅的同事打招呼，與洗手間清潔阿姨話家常，對樓下保全小哥揮手說再見。

　　時間一長，公司的年終測評，她口碑超好；每季度的員工互評，她位居榜首；阿姨打掃辦公室清潔時，她的座位被額外關照；她加班到挺晚，保全讓她注意安全的溫馨提示也帶來安慰。

　　我印象裡的深圳職場，幹練專業有餘，人情溫度缺失。公司人員流動性大，以致很多人離職時，別的同事只記得其英文名。而她另有發展時，上到大主管，下到臨時工，紛紛表示不捨得，有很多同事甚至張羅著給她推介職位。

　　像她這樣「敬人者，人恆敬之」的人，總能在良性循環裡過得風生水起。

　　親近的人更應優先享受到你的禮貌。

　　我媽認識一對七十多歲的恩愛夫妻，爺爺高個子，奶奶很嬌小。爺爺走路時總在奶奶外側，兩個人總有聊不完的話，長時間下來，爺爺的肩膀開始傾斜，靠老伴這邊的肩膀低，靠馬路那側的肩膀高。我想再沒有比這更令人嚮往的愛情了。

　　前年春節回家，父母帶我去二老家串門。我關門時發現門背上貼著一張小字條：「老伴，出門請把特產給××家帶去。」

奶奶解釋說人老了記性不好，不寫字條轉身就忘。

　　而我的注意力完全在一個「請」字上，多年的老夫老妻，日常裡不忘相互尊敬。我們坐下聊天的過程中，奶奶叫爺爺遞東西，會說「麻煩遞過來一下」；爺爺接東西時，會讓人難以覺察地頷首，眼裡盡是謝意，沒有生分感，溫馨和煦極了。

　　很多人把最差的脾氣留給了最愛的人，反覆咀嚼彼此的壞情緒和毒舌話，還整天尋攻略、想對策來醫治婚姻疾病，還不如學學懷著敬意和尊重的伴侶們，不把對方對自己的好視為理所應當，也不捨得讓自己肆意任性的言行傷害對方。

　　在二老之間，存在著歌德說的那種發自內心的禮貌，它是變換了形式的愛情，由此產生出一種外部表現出來的最適宜的禮貌。

　　這些真不是個案，在生活、職場、感情中，禮貌的加持約等於好運。有禮貌的女孩子運氣不會太差。

一部分人先強起來，
不是為了醜化弱者

最近看著朋友圈一篇篇強力聲討弱者的文章，我都心疼弱者了。

弱者都記仇嗎？至少強者未必寬容。岳雲鵬在央視訴說他當服務員被百般刁難的往事，並肯定地說永遠也不會原諒那個給他造成深深傷害的顧客時，可是事業上如日中天的喜劇一哥。

弱者都易怒嗎？至少大佬們脾氣不太溫順。蘋果的賈伯斯性烈如火，微軟的比爾·蓋茲脾氣火暴，亞馬遜的貝索斯喜怒無常，360 的周鴻禕發脾氣把聲帶喊到撕裂，這些事怎麼沒人提？容易發怒的不止弱者吧？

你弱你有理嗎？至少你強你也未必有理。如果一個本該屬弱者的權益被為富不仁者、既得利益者占用，如果一個弱者是在時代中非自己的因素造成的可憐甚至社會悲劇，這樣的弱值

得更深意義上的反思。

　　性格惡劣、含恨記仇、蠻不講理，這些特質在誰身上多少有一些，怎麼安在強者身上就是真性情，放在弱者身上就是遭人嫌？

　　你強你說什麼都對，你弱你連呼吸都是錯？

　　弱者的理想人設是不是得這樣：第一，壓抑抵制本性中的仇恨情感，堅持忍氣吞聲，不給別人添麻煩；第二，思其弱思其所以弱，然後忍辱負重，弱者當自強。

　　這貌似很對，但是我又覺得哪裡不對。

　　令人討厭的是弱點，而不是所有弱者。

　　「你弱你還有理」之所以引發共鳴，是因為有些人打著弱者的旗號侵犯別人的權利的行為不被人待見，但真正不被待見的是沒占著便宜還不甘心的粗糙言行，是以己之弱綁架別人未遂後惡意撕票的行為。

　　你看不慣有些弱者的德行不必強行遷怒所有弱者，我覺得要麼就事論事，要麼就人論人，別把敗類當典型，別把特殊當普遍，以點帶面地一竿子打翻一船人太容易傷及無辜。

　　其實，我們真正討厭的是作惡者，而不是所有弱者。

　　沒有禮貌、不講誠信、道德綁架、小肚雞腸、撒潑耍賴甚至作奸犯科，這些不僅是弱者的專利，任何群體裡面都有討厭鬼。大家在打擊目標時，能不能先瞄準「作惡」這一點再下手？

作惡的弱者讓人惱火，作惡的強者危害更大，可有些人專挑軟柿子捏，受到強者的氣時，或者早已麻木，或者不敢反抗；而受到弱者的氣時，或者口誅筆伐，或者仗勢欺人。這樣的人太不體面。

我很怕當把弱者和貶義詞緊密聯結起來，把弱者塑造成一個集弱點於一身的大成者後，那麼廣大沒有作惡的弱者會面臨輿論占下風、上升空間窄的現實，處境更加可憐無助。

如果你認識從前的弱者，也許會原諒現在的弱者。

我家有位熟識的阿姨，是爸媽二十多年的朋友。有一天她怒氣衝衝地來我家訴苦，說想幫她兒子付個首付，還差八萬塊，鼓起勇氣去找她那有錢的弟弟借錢，卻被她弟弟拿資金周轉不來婉拒了。看著弟弟家富麗堂皇的裝潢和酒櫃上一瓶好幾千元的紅酒，阿姨無法遏制怒火。

大家先別拿「你弱你有理」來責罵這位阿姨，她家的情況我是知道的。她小時候家裡窮，她爸媽起早貪黑地供她和她弟上學。當時成績還行的阿姨實在覺得父母太苦，念完初中後主動退學，承擔家務並幫忙養家。她的弟弟念完大專後工作體面、生活逍遙，而阿姨因工廠效益欠佳，生活時常拮据。

透過借錢一事，阿姨心寒且生氣，後悔曾經讓出了原本可能更好的生活。受苦自己認了，可是她真的希望自己的兒子能生活得更好一些。

　　阿姨怨恨地抱怨了幾句，我不能指責她什麼，也無法「哀其不幸，怒其不爭」。因為受限於眼界和技能，她實在無力改善現狀。

　　說實話，我覺得許多弱者不會空穴來風地撒潑耍賴，你看到弱者「恃弱凌強」時，先往前追溯看看弱者的弱和強者的強有無邏輯連結，有時正是弱者的弱才成全了強者的強。

　　強者未必無辜清白，弱者也不是天生無賴，別片面截個圖就當看到全貌了。如果你知道弱者變弱的原因，或許會同情他們的。

　　他弱不是他無理的託詞，你強也不是你冷漠的理由。

　　碰壁的朋友發了則叢林感很強的微博：「廉價的東西總是不被珍惜，包括掌聲和笑臉，強者的一次點頭，勝過弱者頻頻鼓掌，還不如把鼓掌的力氣省下來讓自己變強。」

　　當我讀著這些游離在外的文字時，其冷漠氣息使得右下角那個「讚」沉重到我按不下去。

　　叢林法則不相信眼淚的既視感讓人不安。強和弱都是相對的、變化的，遭遇一場變故讓人處境由強變弱的實例並不少見。

　　以前我的一位男同事，太太懷上龍鳳胎後開啟了他扶搖直下的境遇。他那屬高齡產婦的太太因為身體的問題懷胎四個月便住院保胎，單是安胎費就花光了他們二十多萬元的積蓄。孩

子早產當天，大女兒不足一公斤，小兒子沒撐下來。大女兒得在保溫箱裡養上數月，每天的帳單都讓人心驚肉跳。其間，同事賣掉車、賣掉家當想方設法地籌錢。當醫師通知他有劑保命針得先繳費才能打時，他說他幾乎要下跪了。

雖然後來一些報銷費用和捐款陸續到位，他家情況有所好轉，但經歷者和旁觀者多少覺得惶惶不安，感慨世事難料，讓人防不勝防。

村上春樹有段著名的「高牆與雞蛋」言論：「假如這裡有堅固的高牆和撞牆破碎的雞蛋，我總是站在雞蛋一邊。是的，無論高牆多麼正確和雞蛋多麼錯誤，我也還是站在雞蛋這邊。」

我當然沒有那麼高尚的覺悟，但堅信對「雞蛋」的憐憫應該是我們的基調，當然先得把「雞蛋的錯誤」甄別出來，不要拿一些「雞蛋的錯誤」去抹殺所有「正確的雞蛋」，因為不知何時你可能也會不幸成為一個「雞蛋」。

不患寡而患不均的弱者表達訴求時，就算姿態可能沒那麼優雅，語言可能沒那麼得體，但請透過現象看到本質，為改變弱者的弱勢盡一份心力。不然風水輪流轉，你變成弱者後，沒人會為你發聲，沒人會給你幫助，沒人會替你出頭。

畢竟一部分人先富起來，不是去歧視窮人的；一部分人先強起來，也不是為了醜化弱者的。

你二十多歲時的生活方式，
決定了三十歲的打開方式

　　我這兩天在統計讀者留言時，發現二十多歲的女孩們提問最多的問題，七成以上與迷茫掛鉤。有暫時找不到理想的工作先讀研究所的，有進入大公司卻擔心能不能過試用期的，有做著穩定工作覺得沒挑戰的，也有做著挑戰工作覺得不穩定的。

　　我印象最深的是看了我之前寫的〈二十多歲，是一個女人最差的年齡〉，有個女孩覺得文章很扎心，昨晚輾轉找到我。

　　她說她就像我在文章中寫的那樣，買不起好用的化妝品，買不起好看的衣服和包包，去不了想去的地方旅遊，搞不定業務上的複雜困局，看不清身邊的感情真偽。二十出頭的她又窮又迷茫又焦慮又沒經驗，很擔心三十歲時會不會好起來。

　　身為一個作者，看到讀者贊成自己的觀點我覺得高興，可昨天看完她那篇幅很長的留言，心裡一點也高興不起來。我之前把文章標題定為「二十多歲，是一個女人最差的年齡」，

是要加大馬力怒「二十歲是女人一生最好的年齡」這種說法而已。

昨天我回覆她：「三十歲會不會好起來，關鍵在於我們二十多歲時的夢想和生活方式。」

上個月我看到大學室友小 Y 發的朋友圈：「祝自己三十歲快樂。」她九宮格的配圖依次是這九年來每年的照片，眾同學紛紛在她的評論裡致青春。

我看著照片裡一年比一年明媚從容的小 Y，真難想像她大一入學時眸子裡的黯然。

她那時說話有些結巴，激動起來更是把話說成斷線的珠子；皮膚很黑，居然也沒讓自己顯瘦一點；家裡攢錢給她哥買房，她的生活費捉襟見肘；專業被調劑過，她本身對生物興趣不大。

她知道自己的處境和劣勢，所以特別努力。聽說朗讀對治療口吃有益，經常深呼吸幾次後開始朗讀；聽說物流熱門，她就報名考證；聽說英語過六級檢定有就業優勢，她就猛做試題。

但她有一次跟我說，不管以後她的履歷多棒，都很難通過面試，我聽完很心塞。

我們發現平時緊繃的她，在看漫畫時最投入忘我。我們常誇她畫畫有天賦。確實也是，她隨便畫個漫畫人物就唯妙唯

肖，連生物實驗課上畫的顯微鏡下的微生物都比我們像很多。

在我們的鼓勵下，小 Y 開始畫寢室日記，給我們每個人設計了卡通形象，用九宮漫畫記錄下我們寢室的趣事和口誤，後來還去圖書館借來教材，自己研究 PS 和 FLASH，高分通過了計算機三級考試。

我們看著自己的卡通形象，先從紙上的黑白版到電腦上的彩色版，最後發現還能有情節有音樂地一幀一幀動起來，每個人都把她誇上了天。

畢業後小 Y 去某公司當了兩年的儲備幹部，工作空檔也一直抽時間學課程、練畫功，後來回老家省會，轉行做了自己喜歡的動漫工作。這幾年我看她的朋友圈，聽她給我發的流暢語音，圖文聲色之間，覺得她的狀態愈來愈好。

我真心感慨：三十歲，是對二十多歲的夢想和努力的一次小型驗收。

我以前採訪過全球青年主管力品牌（Global Youth Leadership）的創始人張萌。

她三十歲的履歷，開掛得讓人驚豔：北京奧運會火炬手，《非你莫屬》特邀嘉賓，參加 APEC（亞太經濟合作組織）、達沃斯、博鰲亞洲論壇如同家常便飯，做公益、出書、演講也沒閒著。

當我們聽著總理的政府工作報告時，她和總理面對面；當

我們在電視上看希拉蕊競選時，張萌曾和她對過話……

我加了她的微信，她的朋友圈裡時常晒出很多我在電視上才能見到的大人物，一下要拍第六本新書的封面，一下領到了獎狀，一下錄完喜馬拉雅上《人生效率手冊》的音頻，一下晒出「下班加油站」App 公開課的筆記。

關鍵是，在各種合影和影片中，眼神發光、身形高挑、白皙知性的萌姊，長得還真是好看又耐看。我心中那個又忙又美的女人名單中，又多了一名猛將。我羨慕嫉妒恨了一分鐘之後，好奇她究竟對以前的日子動過什麼手腳。

我問萌姊：「怎麼拿到英語演講全國冠軍的？」

她說：「感謝自己定下的一千天小樹林計畫，每天早上五點起床去學校的小樹林大聲朗讀三至五小時的英語，無視旁人的側目和笑話。」

她是個不折不扣的早起星人，說：「這是我早上五點鐘起床的第十八個年頭了，而且我還組群帶著很多小夥伴早起。」

她吐血地給我推薦跑步：「長跑真的能增強人體免疫力，以前我是個動不動就感冒的大病號，後來常去四百米環形跑道上圈數遞增地練跑步。現在就算周圍一票人感冒流鼻涕，我都不會被傳染的。」

她很關注每天的時間都去哪裡了：「我會記錄自己每天做了什麼，每週做了什麼。統計數據是自我評估的依據，每年的除夕我都會把自己關在屋子裡，不斷地復盤和評估。」

她說任何狀態都要專注：「我工作時切換成工作狀態，屏蔽掉其他雜事，在家陪父母時，幾天都不滑手機。」

經過一番探聽，以前我知其牛，現在知其所以牛。

她二十多歲時的那些堅持、死磕、自律、專注和時間管理達到量變級別後，三十歲迎來質變是件順其自然的事。

二十多歲，你有怎樣的生活方式，三十多歲，就會有怎樣的打開方式。

三十多歲臉上的膠原蛋白沒減少、身上的代謝速率沒變慢的人，二十多歲時多半飲食正常，作息規律，有運動習慣，會調節心情。

二十多歲在職場上不可或缺的人，二十多歲時也曾受過委屈躲在樓梯間，擦乾眼淚回到電腦前，在原先的基礎上又新增兩個備選方案。

三十多歲談吐有料、文章有貨、為人有趣的人，二十多歲時經常看書、旅行、思考，把見識和能力都結結實實地長在自己身上。

你的皮囊裡，有你的生活習慣；你的能力裡，有你的試錯所得；你的人格裡，有你的認知積澱。

人與人的目標和軌跡各有不同，但我喜歡的三十歲打開方式是這樣的：從二十多歲起，邊見眾生，邊見自己，不斷新陳代謝，不斷野蠻生長。

　　所有光芒，需要時間才能被看到。年齡沒有比較級和最高級，只有順承關係。

　　你二十多歲時的生活方式，決定了三十歲時的打開方式。

「十五分鐘行動派」
品嘗到的人生果實好甜

1

給大家講述一下我最近的買房經歷，緊湊得像大片一樣，全程無尿點。

投資天才的成功祕訣是，趁大家瘋狂時冷靜，在大家冷靜時瘋狂，而我們站在天才的對立面上。

這段時間，我們想換改善型住房和當地房價上漲的時間高度重疊，所以每一步都走得緊鑼密鼓，驚心動魄。

原本週末晚上十點，在影片中口頭答應要把房子賣給我們的房主，第二天就反悔，我們只能在同個社區裡找退而求其次的代替方案。

星期一我和老公下班後，讓仲介帶我們去看房。看完下樓，我們羅列了一下房子的優缺點，十五分鐘以後，互相給了彼此一個眼神——買它。

仲介迅速聯繫屋主，等屋主下班後，我們齊聚仲介的辦公室裡，很快談妥價格，決定簽署合約。

屋主快要簽字時，之前看上她家房子卻有點猶豫的人給屋主打電話也想買房。於是，屋主望向仲介。說時遲那時快，仲介告訴屋主，合約已經啟動了。電話那頭的人失落地掛斷了電話。

當天我們交定金、簽合約，等到房子過完戶，據說房價又往上躍了一級。

同事說我買房子像買白菜般出手迅速，因為我最受不了的就是拖著。我還有很多事情要做，趕緊買了，安心做其他事，不能讓一件要做的事長期懸而未決。

以我們的經濟實力，我們還遠遠沒有到達挑房自由的階段，確認了自己的需求和預算，看到滿意的房子，就趕緊促成交易。

我的買房觀是一輩子不會只買一次房，每個階段都有相對理想的房子，先上車再說，以後以房易房就容易多了。

有的人陷在房子的缺點裡，什麼南北不通透、樓層不吉利、戶型不夠好，時間一天天過去，之前不太看得上的房子，漲價的漲價，賣掉的賣掉，手裡相同的錢，卻沒了相同的購買力。休息時間不停地跑來跑去，回家後家人之間互相埋怨，只能感慨房價荒謬，懊惱出手太慢。

連岳說過：「很多人無法做重大決定，買房買車，所有參

數、所有變量都要仔細考慮，半年、一年下不了決心，等下了決心，事情又全變了，又得重新考慮，就這樣考慮了大半生。」

2

我愈來愈感覺到，行動派的人生果實品嘗起來就是甜。

我的行動派人格起源於深圳，我畢業就到深圳工作，找工作期間住在叔叔嬸嬸家。

有一天，我通過了筆試和機試的那家公司通知我去面試。面試完我回到叔叔家，大家一起吃晚飯時，與我面試的公司從事相關行業的嬸嬸，問我面試官都問了什麼題目。

我回憶了一番，把能記住的問題和答案告訴了嬸嬸。複述到「面試官問我是急性子還是慢性子，我回答是慢性子，希望留給對方我做事認真的印象」時，我看到嬸嬸的眉毛皺了皺。

嬸嬸放下碗筷跟我說：「回答急性子比較好一點，在深圳這個地方，快比慢好。」

嬸嬸誠不我欺。後來我在蛇口工作，每天上下班都能看到「時間就是金錢，效率就是生命」的標語。

深圳是我的職業培訓所，塑造了我至今的很多工作作風，這一特點也延伸到了人生重要的決定上。

行動派吸引行動派，我老公本來只是對我芳心暗許，得知我要離開深圳了，夜裡深思了一夜，第二天來找我表白，

想了若干理由勸我留下。見我堅持要走，他又回去想了一夜，說跟我一起走。

行動派可能內心早有想法，早有藍圖，遇到合適的機會、合適的人，就馬上行動。

3

每當我猶豫不決時，就想想心中的行動派男神。

五年就把日立公司從巨額虧損拉到高速盈利的川村隆說，自己在年輕的時候就養成了十五分鐘之內得到結論的習慣，如果不能在十五分鐘之內得出結論，那麼就算為了這個問題煩惱三十分鐘或一個小時以上，也無法得出結論。

他這個十五分鐘不是張口就來，而是有一定的科學依據，一個人一次集中精神的時間只有十五分鐘。在同步口譯行業，像國際會議或高峰會之類的重要場合，翻譯要每隔十五分鐘就更換一次。川村隆曾經擔任技術職務時，有過拿著產品設計圖反覆討論「這個設計能不能行」的經歷，事後總結說這完全是在浪費時間，不如先做個樣品來看，直接採取行動，因為「我是喜歡在奔跑中思考的人」。

我出版《當你自律自控，才能又美又爽》以後，葛主編問我，他們準備在世界讀書日當天，在某個影片 App 上跟我連麥，問我參不參加？我說十五分鐘後答覆。

在這十五分鐘內，我的大腦飛速運轉，本能上我當然不想

做什麼影片連麥。我很少看短影片，也沒有自己錄過，再說我的普通話不夠標準，緊張起來會忘掉幽默，感覺自己和影片裡那些美女的長相和身材有不小差距，會不會有讀者看到我感到失望……

　　你在房間裡看到一隻蟑螂，說明房間裡已經有很多隻蟑螂，你的腦袋裡想到一個藉口，說明腦袋裡已經有很多個藉口，一串藉口鏈填海似的蓋住了你想行動的心。

　　過去很多事情的訓練，讓我習慣在「這件事很困難」這個句子後面加個後綴──「但我想試試。」

　　當想嘗試的念頭生出後，我立馬下載短影片 App，點了中間的「＋」號。軟體聰明到早已把螢幕上的我修顏完畢，整個人皮膚光潔、五官立體，自帶上妝效果，感覺比照鏡子時的自己瘦了一圈，美了一截。

　　積極的想法迅速占領頭腦，之前我擔心形象，現在覺得軟體自帶美顏功能，讓一個生活中的普通人輕鬆達到了顏值上限；之前擔心聲音，現在認為播音腔才容易被當作白噪聲，有口音的普通話，需要聽眾認真聽，內容反而可能被記得更牢。

　　時間快到十五分鐘了，我點開葛主編的對話框，簡潔地回答「參加活動」。

　　那段時間，我早起之後會專門調撥出影片時間，給自己化個精緻的小妝，穿一身漂亮的衣服，錄上一小段影片，存為僅自己可見的私密作品。

幾個星期過去後，有一天我按照時間軸從前至後地翻看影片，發現自己進步明顯，面部微表情和小動作減少了，口誤的頻率也降低了，面對鏡頭，神態更自然，眼神更大方。每天早上錄個短影片，還美化了我一天的生活，帶給我自信和好心情。

後來我聽說活動取消後，心裡有點失落，但又感謝快速行動的自己，體會到生活中的另一種樂趣。

有人擔心快速行動會累，相反地，我覺得很快做出決定並且付諸行動，是一個很好的休息建議。因為很多人糾結來糾結去也得不出答案，這樣更累。你行動起來，某種程度上，是放大腦去休息，做完事情，驗證了頭腦中的想法，乘勝追擊，敗而轉向，而不行動，什麼都想過了，卻什麼都沒有發生。

常常有人問：「為什麼我什麼也沒做，會覺得這麼累？」謎底就在謎面上，你累，正是因為你什麼都沒做。

你要麼永遠不踏出那一步，要麼現在就行動。

逼自己一把，也放自己一馬

不知從何時開始，當我在微博發一些看書或運動的圖文時，偶爾會收到讀者善意的關懷：「大爽子，你別把自己逼得太緊了。你看看你，早上要早起，白天要上班，回家要帶小孩，小孩睡了要寫作，見縫插針地看書、運動、做筆記，雖然我佩服你的自律和上進，但別太累太拚了。」還有讀者直接評價我是「寫作圈的藍盈盈[4]」。

一次兩次，還沒往心裡去，次數多了，我不禁自我懷疑：是不是我對外自律小天后、對內自律小刁民的人設過於固定？但實際情況是，我在娛樂、犯懶、休息、度假、遊玩時，沉入其中，玩在當下，根本沒空把玩樂或放鬆的一面更新出來，所以慘遭誤解成一個對自己只逼不放的人。

學生年代，我信奉玩的時候好好玩，學的時候好好學。職場時代，我信奉工作的時候好好工作，休息的時候好好休息。

我初三、高三時，複習時間稍微長一點，當天或次日就會

偏頭痛；而當我放假時，哪怕多在床上躺幾個小時，又感覺頭昏腦脹，食欲隱身。

我這身體事很多，不能一直勞，一直張，也不能一直逸，一直弛。勞逸結合、張弛有度的活法，對我來說是絕對剛需。我盡量在一天內做到會逼自己一把，也放自己一馬。

我記得我大學畢業後選擇去深圳，面對父母、親朋好友的關心和擔憂，自己這麼寬慰他們：「我去深圳打拚三、四年，到那時覺得難以立足或不夠快樂，就換個地方。」

一開始我就玩命工作。工作有指標，不達標就被炒的生存壓力，讓我全身心投入。國外的客戶還沒上班，我早已按照中國的上班時間開啟工作；國外的客戶下班，我才按照國外的下班時間準備離開公司。我簡單吃點東西，回到住處繼續工作或學習，週末泡在書城裡閱覽業務書籍，午休打開瀏覽器，默認網頁就是業務論壇。我這樣逼自己，業績提升有目共睹，但身體大廈也轟然倒塌。

我逼自己逼到生病咳血，只能放自己回老家休養生息。安逸一段時間我又嫌太安逸了，滿心抱負無處施展。

我再次去深圳發展，持續性逼自己一把，間接性放自己一馬。四年以後，我攢下一筆錢，跟著仲介去看房，評估了一番，盤算著不吃不喝多少年才能買間房子，最後結論是：算了，我換個二線城市吧。

到安逸的二線城市一段時間我又嫌太安逸了，工作上手，

下班以後滿身的才華無處安放，於是開始了自媒體寫作。

我曾經看到一個辯論題目，說年輕人更應該放自己一馬，還是逼自己一把？哪種人生態度更有利於個人和社會的發展？

支持放自己一馬的正方辯友認為，從個人的身心健康來看，給自己充足的休息時間，來保障自己的身心健康；從個人長期發展的能力上看，工作總量＝工作時間 × 工作效率，工作時間愈長，工作效率愈低；從社會角度來看，各國過勞死的年輕人數量直線上升。

而支持逼自己一把的反方辯友，人數不占優勢，可能沒時間辯論。反方辯友認為，做人不逼自己，跟鹹魚有什麼區別？過去的你，會感謝現在逼自己一把的你。你不逼自己，社會就會來逼你。你先逼自己逼到取得成績，才能按照自己的意願放過自己。

在我看來，辯論總是辯得極端，放自己就是一直放，放到成為鹹魚，一事無成；逼自己就是一直逼，逼到過勞死，沒時間休息？

我們的人生更像正態分布。

人很難持續性地逼自己一把，因為身體不答應，家人不答應，連想享受的自己也不答應。

人也很難持續性地放自己一馬，馬斯洛的需求理論不答應，一直威脅著要拋棄你的同齡人和時代不答應，連想終生成長的自己也不答應。

放自己一馬，不是白天摸魚、晚上躺平地得過且過和自暴自棄，而是讓身體差、壓力大、鑽牛角尖、方向太多時的自己停一會兒，遞杯水，擦一下汗，想想清楚到底轉個彎還是繼續走？

有時候人把自己逼到極限，不如就地放自己一馬。

比如日立公司曾經面臨巨額虧損，找到六十九歲的川村隆擔任社長。這個燙手山芋讓他舉棋不定：是該逼自己一把勇往前行，還是放自己一馬迴避風險？困惑之際，他來到家附近的公園在雜樹林中漫步。溫暖的陽光灑滿大地，他心中想著馬上就要到春天了，情緒終於穩定下來，做出出任社長的選擇，接著再用五年把選擇做對。

再比如接近一百歲的楊振寧。至今頭腦清醒、思考活躍，這可能與他面對困難時不硬熬有關。他的老師回憶說，楊振寧讀書時遇到難解的題目，處理方式和其他學生不一樣——大部分學生遇到難題時習慣一鼓作氣，解不出來就不休息，楊振寧卻放下筆出去走一走，讓頭腦清醒一下，回來接著解題，難題最終被解了出來。

在時間觀界，有著過去時間觀、現在時間觀和未來時間觀的分類，每一類又有積極和消極的細分。

透過觀察，我是過去時間觀的絕緣體。過去的事，如果不是看在給我現在提供寫作素材的苦勞上，我基本不會正眼看它。我的主打時間觀是現在時間觀和未來時間觀，詳細說來，

我是現在積極時間觀＋未來悲觀時間觀的結合體。

對現在，我無比贊成我想嫁的卡繆所說的「真正的慷慨是把一切奉獻給現在」；而未來對我來說，更像一個複雜難題，我只能相信笛卡兒所說的「難題要分開解決」。

有種說法叫做「一日即一生」，把從晨起到入睡的過程，視為人從生到死的一生，所以每天都要無悔而滿足地度過，去享用美味，去見想見的人。這種說法乍聽好像很有道理，但一日和一生的區別是，下一生從頭過，而明天是帶著今天的經驗和積累過的。

所以我的每一天，我需要一部分步驟解決未來的難題，此處需要逼自己一把，武裝起自己，對抗歲月的殘酷，如果不逼自己會七十二變，誰來替我扛 81 難[5]？我也需要一部分把一切獻給現在，此處需要放自己一馬，少做一點又不會死。

隨著年齡的增長、閱歷的增加，我逐漸找到適合自己的節奏：愈是年輕，愈應該適度逼自己一把；愈是年長，愈應該放自己一馬；白天逼自己一把，晚上放自己一馬；狀態好的時候逼自己一把，狀態差的時候放自己一馬；工作忙的時候，寫作上放自己一馬；太慣著自己的時候，逼自己一把，太累著自己的時候，放自己一馬。

---

[4] 形容藍得發亮。

[5] 指《西遊記》中，唐僧師徒前往西天取經遭受的磨難。

我平衡工作和生活的「機器人」策略

作為一個女人，你如何平衡工作和生活？我很喜歡看不同的女人對上述問題的回答。

有類女人循規蹈矩，按照字面意思理解，按照字面意思回答。有類女人覺得這是偽命題，區別在於有人認為工作生活難分家。有人覺得宏觀命題很難具體分析。還有類女人性別觀念強，略帶怒氣地質問：為什麼女人就要平衡事業和家庭，男人怎麼不用面對這個問題？

如果有人問到我，我的答案是「機器人」策略。

解釋如下：工作中，我把自己當作機器；生活裡，我把自己當作人。我用這個策略指導了我的工作安排、時間管理和精力調度，效果還挺好。

我不太懂愛因斯坦的「時間相對論」，但有一套自己的時間相對論，工作時，時間變快；生活時，時間變慢，建立在高效能、慢生活模式上的時間顆粒度，能大能小，能屈能伸。

　　我有個簡單粗暴的分類，把世界上與我有關的事分為我得做的和我想做的。以我現在對人生的淺薄理解，我覺得很多時候，需要先做完必須做的事情，才能夠或有心情去做想做的事情。

　　平均到每一天，基本上是每天完成了工作，做了必須做的事，做完以後賺到錢，我才能支付各種生活成本、娛樂成本、追求精神愉悅的成本。

　　在面對必須做的事時，我會盡量把自己當成沒有情緒的工作機器。向上級彙報該怎麼彙報，跟同事相處該怎樣有效溝通，工作流程怎麼處理效率最高，辦公軟體有什麼技巧能夠避免重複低效的操作，我很想成為工作上的情緒絕緣體，把自己打造出具備優秀執行力和填坑力的超級工作戰艦。

　　工作中那些氾濫情緒，比如憑什麼我要背這個鍋，就因為我多做多錯，同事少做少錯？為什麼我做那麼好，主管看不見實做派，只看見邀功精？在各種自怨自艾、自憐自責中，我被拖慢了工作進度，也被拖垮了心態，對工作沒有建設性幫助，對自己徒增破壞性打擊。

　　工作歸根結柢就是 PDCA《Plan-Do-Check-Act》，就是若干環節的計畫、執行、檢查、行動，如此循環、升級，再升級。太多情緒會耽誤工作，也把自己弄得不開心，關鍵是就算我不開心，還得接著工作，難上加難，不如趕緊做完必須做的事，把更多時間留給喜歡做的事。

　　工作當中，我致力於順利解決問題。哪怕跨部門和急性子的同事溝通，對方說話說過頭了，順著本能下一句自己就可以跟他爭執，但是我依然會「叫停幾秒鐘」，說：「不好意思，我去一下洗手間，回來接著有效溝通」，給雙方迅速冷靜的空檔。回來以後，大家換個節奏，理性溝通。

　　流水線的鼻祖亨利・福特曾說：「明明想雇的是一雙手，怎麼來了一個人？」我也不知道自己是退化還是進步，只覺得薪資讓我付出腦力和體力就夠了，幹麼還買一贈一地搭上情緒？這樣不僅自己被掏空，對工作來說還是累贅，這麼吃力不討好的事情，我應該適可而止。反正我在自己身上驗證過，太多情緒容易讓我在工作上拖延和低效率。

　　真要有情緒，我寧願是正面情緒，比如工作做得又好又快的成就感、幫人解決困難的幸福感。為了這些將來的正面情緒，我更是要克服現行過程中的畏難情緒、煩躁情緒和焦慮情緒。

　　把工作上該做的事做完，接下來我就可以做我想做的事情，那麼，我的時間馬上從原先快節奏的工作模式切換成慢節奏的生活模式，充分打開自己的五感，銳化自我感知，最快進入慢節奏模式。抬起眉眼，我連吃東西都帶著正念，盡情調動味蕾，在老公的眼神裡周遊列國，觀察孩子睡著時呼吸的起伏，看小區的貓咪打打哈欠、伸伸懶腰，這些可太有意思了。

　　我來說一個接地氣的案例，演示一下我的「機器人策略」。比如有一天，我要乘輕軌去辦理某個手續，辦完之後和

老公約好去吃我們以前常去吃的那家豬排飯。

　　辦手續是我得做的事，和老公吃飯是我想做的事。

　　對於辦手續，關鍵詞是快速一條過。我坐輕軌時，調用記憶，坐在最後一節車廂裡，到站後開門，離車站下行樓梯最近，於是便走到最後一節車廂，找個空位坐下來；打開手機上辦理手續的指南，重溫資料是否齊全，準備好疫情期間所需的綠碼，想著如何跟辦事人員解釋自己略為特殊的情況。下車後很快到達辦事地點，叫號後，排隊過程中留心觀察辦事窗口有沒有什麼溫馨提示，自己再做最後的查缺補漏。辦理時我沒出任何餿主意，一次性辦理好了手續。

　　我做完得做的事情後，心裡彷彿踏起輕快的小碎步，迎來想做的事情。我切換心情色彩和時間節奏，慢悠悠地走去和老公碰面的地方，一路上感覺藍天藍得真透，白雲白得真軟，身邊的所見所聞都降低了倍速，風景如加了濾鏡。走到碰面點，我看到了心心念念的人，和老公一路說說笑笑，吃吃喝喝，忘記手機，忘記煩事，悠然自得。

　　哪怕在寫作時，我依然在用「機器人戰略」。我寫作的靈感基本上是在生活中產生的，是在慢下來的時候，真正體會自己或別人的心情和感受時有感而發產生的靈感。

　　但是當我要執行「寫文章」這個程序時，又機器上身。選題提綱、寫作技巧、遣詞造句、詳略分布、語氣調整，這些技術活，愈在相對理性的狀態下我愈能順利完成。假如一件事還

在氣頭上，我會盡量不動筆，怕將自己的戾氣傳染給讀者。

我們在工作和生活相互滲透的今天，很難用鐵門把工作和生活進行嚴格區分，但是仍然有所選擇：面對本能上愈不想做的事，情緒節能地趕緊做好趕緊拉倒；面對本能上特想做的事，留足時間充分愉悅地完成。

在面對必須做的事情時，我把自己當機器，是為了在面對想要去做的事情時，把自己當人。

我無法再年輕，所以決定主動地活

一天，不管怎麼過，總會過去；一年，不管怎麼過，也總會過去。當意識到日子不會重來，我也不會再次年輕以後，便下定決心要主動地活，原因在於：被動和主動的人生，差了兩輩子。

我掩飾不住對「主動」這個特質的喜歡。不管是戀愛、娛樂、閱讀還是休息，方方面面若是有了「主動」的介入，經歷就會變得精彩紛呈、生機靈動。

1. 主動戀愛 PK 被動戀愛

關於戀愛，心理學家說：「男生沒有主動找女生，說明他不想理她；女生沒有主動找男生，因為在等男生找她。」

我欣賞會主動戀愛的女生。女生主動選擇，主動布局，主動握手言和，主動放棄止損，主動給遲鈍的男生多點時間，讓對方主動發現自己的真心，這不是什麼情感策略，而是每個選

擇都充分尊重自己的感受。

我見過被動戀愛的人，明明心裡喜歡一個人，卻遲遲不肯行動，糾結主動顯得廉價，但不主動會錯過。錯過和顯得廉價，孰輕孰重呢？

當你懶得或不敢主動時，只能慢慢接受對你主動的人。當那個主動的人累了倦了，很大機率會陷入「我主動，你不主動；你不主動，我也不主動」的循環中，很多關係就是這樣沒有然後了。

如果你和他距離一百步，你走五十步，他卻一步都不走，即便你再喜歡，也適可而止。

感情是兩個人相互走近，對那些更關乎一個人的事，不要被動，更要主動。

2. 主動娛樂 PK 被動娛樂

我當媽的頭一年，夜裡要起來數次，所以睡不好。白天的寫作、工作、鍛鍊等任務，也讓我一度覺得疲勞。我試過很多放鬆方式，發現主動娛樂的放鬆效果很好。

日本神經科醫師樺澤紫苑曾說，娛樂大體上可以分為兩類：一類是基本上不需要專注力，也不需要什麼技巧的「被動性娛樂」，典型代表就是看電視；另一類是需要專注力、設定目標，並需要不斷提高技巧的「主動性娛樂」，比如讀書、體育運動、智力遊戲、演奏樂器等。

看書的人，在鍛鍊自己有意識地將注意力集中到某個對象身上的能力。而看電視的人，思路只跟著電視節目走就行了，不需要太多專注力，是一種分散注意力的負面鍛鍊方式。

有人質疑，娛樂了還惦記著專注力和成長性，這會不會太沒勁了？以我的體驗，看書如果能看到進入心流體驗，那是最高級別的放鬆，忘掉周遭環境、逃過時間、沒有雜念，在一個桃花源裡逍遙快活、頤養天年，回到現實後酣暢淋漓、精力充沛。

3. 主動閱讀 PK 被動閱讀

閱讀達人赤羽雄二給主動閱讀下了個定義：讀書的終極目的，是讓書籍指導行動。

在他看來，主動閱讀有三個要點：

（1）讀書之前明確目的。你要先想清楚自己要做什麼，自己現階段的知識和能力還欠缺什麼，然後再去有針對性地選書、讀書。

（2）讀書的過程中積極思考。你要把書中的知識和觀點與自己的想法，以及自己的現實生活和工作，反覆對比、分析，最後經過推理、歸納、總結等一系列思考活動，得出自己對某一觀點的判斷，或對某一目標的行動策略，讀完後及時整理筆記。

（3）閤上書本後快速行動。讀書並不是愈多愈好，你反

而要限制閱讀時間，用更多的時間輸出，多花時間去實踐，把書本的內容轉化成自身的能力。比如在工作中取得成績，寫書評以及演講。

主動讀書，就是要在閱讀的過程中以「我」為中心，重點把握「我」的目標、「我」的感受和想法，以及「我」的計畫和行動。

4. 主動休息 PK 被動休息

我產後有段時間過多地把精力集中在身體層面上，想要超越孕前狀態。

那段時間我每隔一天進行三十至四十分鐘的橢圓機訓練，週末去健身房做體操、練舉重。

但愈鍛鍊，狀態愈差，體重愈重。我及時反思，運動是條開口向下的拋物線，達到臨界點後，如果不注意休息，只會肌肉痠痛，做什麼都提不起勁，意志力下降，導致吃得更多。

健身教練張展輝也說自己有些學員運動半天，身體狀況更糟了。他說行百里者半九十，差的往往也就是這「十里」──休息。

你只有訓練後進行有效的休息，身體才能有更好的表現。

休息是一種積極主動的選擇，不是不得已而為之，不是節假日的主要任務，而是每一天都應該做的事。

不管忙不忙，很多人總覺得很累，大多選擇睡個好覺、外出度假、泡一下溫泉來放鬆身體，這樣的方法可能對身體休息有用，但無法消除大腦疲勞。

休息不需要很長時間，只要你注意力渙散、無精打采、煩躁不安，就是大腦疲勞的徵兆，在提醒你把在憂慮未來或懊悔過去的意識拉回到現在。

你可以採用正念呼吸法，坐在椅子上，挺直背部，腹部放鬆，手放在大腿上，閉上眼睛，感受與周圍環境的接觸，比如腳底和地板、屁股和椅子、手和大腿等。

通過鼻孔進入的空氣，導致胸部和腹部的起伏，呼吸與呼吸之間的停頓過程中，每當雜念浮現，如果你把注意力重新再放回呼吸上面，哪怕兩三分鐘，也會有很好的效果。

尼采說，人的精神有三種境界：駱駝、獅子和嬰兒。

第一境界是駱駝，忍辱負重，被動地聽命於別人或命運的安排；第二境界是獅子，把被動變成主動，由「你應該」到「我要」，一切由我主動爭取，主動負起人生的責任；第三境界是嬰兒，這是一種「我是」的狀態，活在當下，享受現在的一切。

我覺得嬰兒境界太過高階，我們能從駱駝躍升到獅子，生命品質就會有質的飛躍。

以前我一直覺得第三境界難以企及，只要從駱駝過渡到獅子，去領略廣袤的人生，就足以不負此生了。

後來我的女兒出生，我發現就算大人拿各種玩具逗她，

她只是隨便笑一兩聲，而當她自己摸索著能夠不用人扶著獨自站一會兒時，她會一邊顫顫巍巍地站著，一邊無比開心地一直笑。

哪怕你到了「我是」的高級境界，主動掌握技能，主動開闊眼界，依然能體驗到更高階的開心。

或許你主動地活過，就不想被動地活著了。

人生顧問 519

你怎樣過一天， 就怎樣過一生

作者	梁爽
責任編輯	龔橞甄
校對	劉素芬
封面設計	任宥騰
內文版型	顧力榮
內文排版	江麗姿

總編輯	龔橞甄
董事長	趙政岷
出版者	時報文化出版企業股份有限公司
	108019　　台北市和平西路三段 240 號 4 樓
	發行專線　02-2306-6842
	讀者服務專線　0800-231-705、02-2304-7103
	讀者服務傳真　02-2304-6858
	郵撥　　19344724 時報文化出版公司
	信箱　　10899 台北華江橋郵局第九九信箱
時報悅讀網	http://www.readingtimes.com.tw
法律顧問	理律法律事務所　陳長文律師、 李念祖律師
印刷	家佑印刷有限公司
初版一刷	2024 年 5 月 3 日
初版五刷	2024 年 7 月 18 日
定價	新台幣 400 元
	（缺頁或破損的書， 請寄回更換）

你怎樣過一天，就怎樣過一生 / 梁爽著 . -- 初版 . --
臺北市 : 時報文化出版企業股份有限公司, 2024.05
面；　公分 . -- (人生顧問；519)

ISBN 978-626-396-184-5（平裝）

1.CST: 人生哲學

191.9　　　　　　　　　　　　　113005036

ISBN　978-626-396-184-5
Printed in Taiwan